智慧体育教学
及其课堂实践研究

◎杨师果 著

湘潭大學出版社
XIANGTAN UNIVERSITY PRESS

图书在版编目（CIP）数据

智慧体育教学及其课堂实践研究 / 杨师果著. -- 湘潭 : 湘潭大学出版社, 2024.5
ISBN 978-7-5687-1433-4

Ⅰ. ①智… Ⅱ. ①杨… Ⅲ. ①体育教学－课堂教学－教学研究 Ⅳ. ① G807.01

中国国家版本馆 CIP 数据核字 (2024) 第 112158 号

智慧体育教学及其课堂实践研究

ZHIHUI TIYU JIAOXUE JI QI KETANG SHIJIAN YANJIU

杨师果 著

责任编辑：刘文情
封面设计：张　波
出版发行：湘潭大学出版社
社　　址：湖南省湘潭大学工程训练大楼
电　　话：0731-58298960 0731-58298966（传真）
邮　　编：411105
网　　址：http://press.xtu.edu.cn/
印　　刷：长沙鸿和印务有限公司
经　　销：湖南省新华书店
开　　本：710 mm×1000 mm 1/16
印　　张：11
字　　数：201 千字
版　　次：2024 年 5 月第 1 版
印　　次：2024 年 5 月第 1 次印刷
书　　号：ISBN 978-7-5687-1433-4
定　　价：60.00 元

课题名称： 智慧课堂视域下“学练赛评一体化”体育教学策略的研究（课题立项号：AH2023055）

前言

在当今数字化浪潮中，教育体系正在经历深刻的变革，体育教学作为其中不可或缺的一环，亦面临前所未有的挑战和机遇。随着科技的不断进步，数字化手段在教育领域的应用呈现出日益明显的趋势。其背后的推动力在于对学生需求的深刻理解，以及对传统教学方法的不断挑战。数字时代，学生更加追求个性化、互动性和实用性，智慧体育教学的概念应运而生。其基本理念在于通过融合多种数字技术，使体育教学更富有趣味性、创新性，更好地满足学生的个性需求。

本书深度剖析数字时代下体育教学的核心议题，主要分为七章，第一章介绍智慧体育的背景、发展、教学价值和实施框架。第二章聚焦智慧体育教学的技术。第三章关注智慧体育教学的环境优化策略。第四章阐述智慧体育教学资源——微课、慕课与教学模式——翻转课堂。第五、六、七章通过球类课程、田径课程和休闲课程的具体案例展示智慧体育教学在实际课堂中的应用。

本书的独特之处在于对智慧体育教学进行了系统性的剖析和深入研究，以及对多个层面的全面覆盖。不仅仅关注技术方面的融合，还从环境、模式等多个维度进行了深入讨论。此外，本书将理论与实践相结合，通过具体的课堂实践案例，为读者提供操作性极强的建议和指导。

通过阅读本书，读者能够全面了解智慧体育教学的理论基础、技术支持、环境优化和创新模式，为提升体育教学质量和培养学生的多元能力提供有益启示。

笔者在本书的写作过程中，得到了许多专家学者的帮助和指导，在此表示诚挚的谢意。由于笔者水平有限，加之时间仓促，书中所涉及的内容难免有疏漏之处，希望各位读者多提宝贵意见，以便笔者进一步修改，使之更加完善。

目　录

第一章 智慧体育与智慧体育教学

第一节 智慧体育及其发展背景

数字时代,智慧引领体育转型升级正在稳步推进,并在智慧城市及全民健身等相关理念的助推下,迅速发展为一股热潮。智慧体育是一个相对年轻的概念,解答“什么是智慧体育”“如何建设智慧体育”,尤为重要。

一、智慧体育的概念与特征

智慧体育是一个面向未来的体育理念,具有与传统体育不同的丰富内涵及鲜明特征。

(一) 智慧体育的概念

智慧体育,从字面上理解便是赋予体育以“智慧”。智慧是指对事物能迅速、灵活、正确地理解和解决的能力,智慧城市中的“智慧”,是在“智慧”一词传统概念的基础上进行的创新和延伸,传达出这样一种理念:利用先进科学技术,实现对各方面、各层次需求的迅速、灵活、正确地理解和响应,进而达成人与人、人与自然的和谐共处。智慧体育脱胎于智慧城市,是智慧城市的一种内部深化,也是智慧城市理念在体育领域的延展,其延续了智慧城市的“智慧”内涵。互联网、大数据、人工智能与体育实体经济的深度融合,使得智慧体育受到越来越多学者的关注。

智慧的核心表现形式之一是“创新”,体现在对传统模式和理念的变革。在现代社会中,智慧体育被视为新时代发展的需求,同时也是现代体育发展的方向。它通过运用技术创新,旨在为体育活动参与者提供全面化、智能化的服务。智慧体育的诞生旨在贯彻全民健身的国家战略，提升体育运营能力，充分利用已有资源，满足人民日益增长的体育需求，使体育活动成为人民健康生活方式的一部分。

实现智慧体育离不开先进技术的支持，其中包括云计算、物联网、大数据和移动互联网等新一代信息技术。物联网实现了物和人的全面互联互通，传感器将传统的物理体育世界转变为数据体育世界。同时，大数据、云计算等智能技术对信息数据进行处理和分析，从而辅助服务供给和制定决策。因此，智慧体育可以被理解为应用物联网、互联网、大数据、云计算等智能技术对海量感知信息进行处理和分析，以智能响应和支持竞技体育活动、群众体育活动、体育产业、体育文化、体育设施等各个领域的需求，使体育的管理和服务更加智能化。

智慧体育并非简单的项目，而是一项系统性工程，是一种高级的生态系统。它通过对国家体育总局、地方政府、协会团体以及各种社会资源的纵向整合，以及对体育旅游、健康、文化等领域资源的横向整合，实现了对体育资源的广泛聚集和纳入，进而实现对需求的迅速、灵活、正确的理解和响应。这种系统性的整合不仅提高了体育的整体效能，也促进了体育在社会各个方面的发展。因此，智慧体育在推动体育事业的创新和可持续发展方面具有重要的促进作用。

（二）智慧体育的特征

智慧体育作为传统体育转型升级的成果，有别于传统体育，具有诸多传统体育尚不具备的特征。其中，需求契合、技术融合、资源整合是最为重要的三大特征。

1. 需求契合

智慧体育强调对需求的管理和及时响应，以推动体育运动与多方需求相契合。不同主体对体育的需求具有天然的差异性，又由于体育本身具有多元价值，即使是体育运动参与的同一主体，对体育运动的需求也不同。例如，用户主体参与体育运动具有提升身体素质、保持健康、休闲娱乐、社交等需求。智慧体育需要针对这些来自不同人群、层次的需求，进行采集、梳理、归类和规范化，按流程管理，并利用数据形成定制化方案，生成更具个性化的产品与服务。

一般地，智慧体育可以通过网站信息平台、手机App等途径发布多样化的体育信息，供体育参与者选择。同时，这些平台及设备可以及时采集用户需求，并对需求进行汇总、分析，为场馆设计、设备完善、赛事呈现等体育产品与服务提供改进意见，完成需求响应。更为智慧的是，智慧体育可以通过传感器配套设备对运动信息进行读取，挖掘运动参与者潜在需求，做到"比用户更懂用户"。

由此，对需求的积极响应使智慧体育更具交互性，既包括人与人之间的交互，也包括人与物，甚至物与物之间的交互。智慧体育构建了一种全新的交互模式，不仅包括运动员与教练、欣赏者，以及运动参与者之间的交互，更包括人与器械、场馆、城市之间的交互。完备的基础设施及无所不在的信息联动，使智慧体育为不受时间地点限制参与体育运动、感受运动魅力提供了可能。同时，器械、场馆等设备与空间也不再是一个静态的概念，而是能了解用户的需求与偏好，记录用户的运动历程，甚至引入一定的运动场景，使运动更生动、更科学、更有魅力。

2.技术融合

智慧体育是大数据、云计算、物联网等技术综合应用于体育的产物，技术融合是智慧体育最为显著的特征之一。技术的融合与进步是一个渐变和永不停息的动态发展过程，体育与先进技术深度融合，加之技术之间彼此融合，实现聚合涌现效应，迸发出强大的生命力。而更为具体的是，智慧体育的技术融合体现为数据价值的彰显与智能创新常态化两大方面。

在新技术全面发展、紧密结合、相互协同作用下，数据的价值愈加凸显。

随着传感器、生物芯片等技术应用于体育，越来越多的体育运动、消费等行为，能够通过数据的形式被度量、计算、实时感知。新技术通过提升数据计算与分析能力，以及构建强大的数据互联系统，使传统体育逐步实现数据化，并进一步将数据转化成智慧洞察。

例如，将传统跑步机融入物联网、大数据等技术，便可以使其升级成为一款具备“健身+体能监控+健康管理+旅游社交”能力的“智慧”跑步机，实现三维场景数据、视频场景数据、个人运动数据、个人生理数据等体育伴生多重数据的收集、处理，并以运动指南、健康提示等形象、简易的方式进行具象呈现，提升运动的乐趣性、科学性。越来越多的人应用智慧体育设备、参与智慧体育运动，通过自己的参与行为为智慧体育注入新的数据资源。由此，智慧体育本身便被建立在一个集数据采集、数据处理、数据分析、数据应用四大过程为一体的完整闭环之上。

同时，随着技术应用的不断深入，技术与体育的关系日益密切，技术成果转化为体育应用的周期不断缩短。新技术催生一系列的新产品、新服务、新模式，并在应用需求的推动下完成自身的创新和迭代升级。于是，在智慧体育面前，我们面临的将不仅是一场“大众创业，万众创新”的热潮，更具广泛性、开放性、持续性，技术创新与体育智慧化升级得以形成一个常态化的良性循环。

3.资源整合

智慧体育更强调应用广泛覆盖的信息感知网络，实现体育行为中物与物、人与物、人与人之间的全面互联、互通、互动，以供给随时、随地、随需、随意的体育应用及服务。

各主体、部门、行业间的边界和壁垒是传统体育存在的一大问题，这些壁垒的存在使原本存量巨大、彼此相连的体育资源处于封闭化、割裂化状态，难以得到有效开发、应用。而智慧体育致力于实现对资源的开放、协同、有效整合，在跨级、跨域的服务平台之间实现数据的共享和系统的集成，不同终端的运动数据可以实现同步更新、实时迁移、随意切换，不同设备可以实现同步接入、资源共享，最终使体育真正成长为一个内涵丰富、自我生长、不断完善的“生命体”。更为具体的是，智慧体育通过开放平台的搭建，为体育数据价值的高效率、高质量呈现奠定基础，通过对海量资源的深度挖掘，发现资源价值。同时，通过体育参与者和谐高效地协调运作，为用户供给高效率、低成本、多层次的体育服务。

智慧体育具备突出的资源整合特性，对体育参与者及体育运动本身等方面均具有积极的作用。对于体育用户，资源整合拓宽用户选择的空间，使用户更了解自己的运动现状，并为选择最合适的运动方式、运动场地、运动强度提供建议。对于运动设备供给者，资源整合使其掌握更多用户资源、更了解用户需求，为运动设备的更新、契合用户服务的供给提供便利。对于资源的整合，以及政府对体育运动开展情况的把握、政策的制定及决策的实施提供支持。而对于体育运动本身，资源整合使体育内部自成一个可持续的生态系统，并不断向旅游、教育等多领域拓展交融，不断丰富自身内涵。

二、智慧体育的架构

智慧体育不仅是一个虚化的理念，更体现在具体的实践活动中。体育大数据、VR（虚拟现实）体育等一系列全新的智慧体育模式相继出现，智慧体育政策、法规、标准等制度文件相继出台，智慧体育安全、运营、管理等话题广受关注，智慧赛事、体育旅游、智慧体育大平台等概念走入大众生活，体育的面貌已然发生翻天覆地的变化。用户参与体育运动的渠道更为多样，方式更为生动，体验更为优质。同时，一大批全新的体育产业兴起，为体育发展注入全新动力，推动体育价值多元、高质量实现。此外，体育与体育外各元素之间的联系日益密切，多主体间的相互合作以及多领域间的相互渗透，日益成为一种常态。

透过纷繁复杂的实践活动不难看出，智慧体育建设是一项涉及多方主体、多重要素的系统性综合工程。想要探究“如何建设智慧体育”，必须把握这一系列纷繁复杂的实践活动间的内在联系，梳理智慧体育的建设逻辑，明确智慧体育的基本构成，进而明确应当从哪些方面着手开展建设活动。建设智慧体育，需要在对“什么是智慧体育”形成清晰界定的基础上，对智慧体育的体系架构进行探究。

（一）智慧体育的总体架构

1.先进信息技术与体育运动进行融合

智慧体育是先进信息技术推动的产物，其实现离不开大数据、云计算、物联网等新一代信息技术的作用。将技术融入体育，为传统体育注入新鲜血液，推动体育实现智慧化。

大数据技术发挥在数据采集、存储、处理、分析、应用等方面的优势，从海量数据中快速获取有价值的信息，挖掘体育数据背后的秘密。通过数据挖掘与分析整合，可以为体育运动用户提供更具科学性、专业性、个性化的运动建议，对体育相关企业生产经营方向进行调整，并对政府体育政策的制定、监控、落地提供更有针对性的建议。

云计算技术为智慧体育提供新型的服务管理模式。凭借在虚拟化及容错特性方面的优势，云计算技术将体育相关软件、硬件及数据资料紧密连接起来，并可根据实际需求进行结构体系调整，实现动态增量数据的存储与管理，为体育的一系列智能决策，提供计算和存储能力支持。甚至可以依靠可靠的调度策略，实现对体育资源的高效即时分配。

物联网技术为智慧体育提供信息基础设施支持。通过将传感器网络与射频识别装置连接在一起，物联网构建出一个覆盖所有人与物的信息网络，实现物理世界与信息世界的无缝连接。通过物联网技术，体育场地、运动设施等客观世界中现实存在的“物”走进虚拟的网络世界，开始拥有数字化、信息化、智能化的属性，并通过智能接口彼此连接，更好地为用户服务。

智慧体育之所以“拥有”智慧，离不开信息技术的支持。如今，各项信息技术被广泛应用于竞技体育、全民健身、体育产业等领域。体育运动用户正在享受科技带来的红利，使运动健身更科学、更高效、更友好、更专业；世界一线的体育品牌，正加紧布局一系列高科技体育产业发展模式；政府机构正尝试在体育决策制定、体育管理、体育服务中，更好地发挥技术的力量。

更为重要的是，信息技术与体育结合，诞生出全新的智慧化体育平台。智慧化体育平台集场馆预约、教练预约、赛事播报、资讯查询、运动社交等多种功能于一体，实现各方数据的串联与共享，对用户、企业、政府三方都具有积极的作用。

2. 竞技体育、全民健身与体育产业的架构

智慧体育着力发挥先进信息技术对体育领域的作用，但并没有改变竞技体育、全民健身、体育产业的基本架构。其最终目的在于以技术力量推动竞技体育、全民健身、体育产业更好地发展。

在竞技体育方面，先进信息技术促进了运动员训练方式和技术的发展，极大地提升了运动训练的科学化、专业化水平。例如，大数据、物联网技术配合可穿戴设备，可将运动员健康状况与运动指标等数据实时上传，并通过智能整合、分析、比对，生成智能化运动指南。同时，信息技术推动了竞赛设备的进步。融合新技术的新型塑胶跑道、运动跑鞋，推动运动员突破极限，创造出更优异的成绩。信息技术能够有效地促进裁判更趋科学，真正做到公平、公正、公开。此外，先进信息技术加速竞技体育赛事的传播。移动互联网、虚拟现实等技术，使竞技体育赛事打破时间与空间的界限，在全球范围内传播，使竞技体育“更高、更快、更强”的理念更加深入人心。

在全民健身方面，先进信息技术着力解决用户“去哪儿健身”“如何科学健身”“如何个性化地指导健身”等问题，使用户享有更科学、更专业的运动指导，更便捷、更高效的运动体验，以及一站式运动健身服务。同时，为政府全民健身政策的出台、调整提供数据支持，对政策效果与实施情况进行智能化监控,并对运动健身服务的落地提供资源渠道和要素保障。

在体育产业方面,先进信息技术通过对数据的整合、处理、挖掘,指导企业即时、准确地认知自身产品及服务的优势与不足,剖析用户偏好,对用户需求进行有效管理、及时响应,进而实现自我升级、自我优化,以数据指导企业调整生产经营方向,更好地实现良性发展与竞争。同时,政府可以通过对全民运动数据、体育产业数据的监控,即时调整产业政策,推动体育产业体系更加完善、结构更趋优化、区域发展更均衡,有效激发市场主体的活力和创造力。

3.整合"体育+"资源,发展衍生体育产业

"体育+"资源的整合和发展衍生产业是智慧体育发展的重要方向,其中资源整合是其一大特征。在先进信息技术的推动下,体育系统得以通过标准化接口与智慧城市中的旅游、医疗、教育、物流等智慧系统进行紧密连接,实现基础数据的共享,从而在多个方面进行对接和协同合作。

通过与教育、医疗、旅游、文化等"体育+"资源的有效整合,智慧体育形成了一个比传统体育更为广泛、高级和智慧的体育生态系统。使得体育从原本狭隘的"小体育"概念逐渐发展为全面的"大体育"概念。这一发展趋势推动了"体育+"产业链的建设,涌现出了诸如体育旅游、体育医疗、体育金融等衍生产业。

"体育+"的理念不仅仅创造了新的商业机会,也促进了众多复合型产业和跨行业融合新业态的涌现。这些新业态已成为智慧体育落地的重要实践形式,为智慧体育的进一步发展提供了坚实的基础。这种整合和发展使智慧体育更富有发展潜力,更能走向大众,能更好地满足更广泛用户的需求。

4.智慧体育保障体系的完善

智慧体育建设作为一项系统性工程,离不开多方主体的支持,也受到国家政策、经济发展等多重因素的影响。智慧体育的健康、高效、有序发展,离不开保障体系的支持。保障体系的建立可以为智慧体育发展提供必要的规范和指导，也可提供支持力量，驱动智慧体育提质增速。智慧体育保障体系内涵丰富，较具代表性的包括智慧体育政策决策、法律法规、标准规范、安全保障、运维管理等，贯穿智慧体育规划、建设、运行、革新的整个过程，是智慧体育总体框架中不可缺少的一部分。

更具体一点，政策决策、法律法规、标准规范等每一方面又可划分出多个层次，渗透智慧体育发展的每一个环节，实现全方位的保障作用。例如，在安全管理方面，包含物理安全、网络安全、数据安全、系统安全、应用安全等内容，既包含体育基础设施、运动设备等实体领域的安全性，也包括体育资源数据、体育基础网络传输等虚拟领域的安全；既包括体育产品、服务成果本身的安全性，也包括用户参与体育运动过程、使用体育运动产品的安全性，可谓系统而全面。

除在覆盖范围上更具优势外，智慧体育保障体系相比传统体育保障体系更强调先进信息技术的作用。例如，政府政策的制定告别传统决策的方式，更多依据数据的分析与判断，结合人工经验，进行科学决策。同时，智慧体育保障体系与具体的方案实践联系更为紧密。例如，运营维护、安全保障等往往作为重要的建设层面，整体嵌入智慧赛事方案设计中，推动赛事平稳、优质开展。

总之，智慧体育保障体系的建设，弥补体育保障从前孤立、缺位等不足，与智慧体育建设各个部分紧密结合在一起，发挥其不可替代的作用。

（二）智慧体育大脑的搭建

总体架构的搭建，对“如何建设智慧体育”这一问题进行了全面立体、兼具系统化的解答，但仍停留在一个相对宏观的概念上。而架构的落地是一个个具体化工程，其中，智慧体育大脑便是最具代表性的工程之一。

智慧体育大脑的概念来源于城市大脑的概念，并随着近年来城市大脑热度的不断升温，逐渐成为业界讨论的焦点。对于智慧体育大脑，目前尚未形成一个统一的定义，更多的是作为一个营销概念而存在。但这并不意味着智慧体育大脑是一个依附热点生造出的虚大于实的概念，其存在源于体育发展的实际需要。一方面，体育系统仍然建立在彼此独立的信息模块之上，加之体育系统本身是一个存在着多个主体、多重要素的复杂体系，造成海量数据信息散落在各个行业和领域，“信息孤岛”现象相对普遍，资源利用率低。另一方面，政府等体育管理者，面对庞杂的体育数据，难以及时反应并高效作出最佳决策，决策效率、质量均难以得到保障。

同时，从部分城市已发布的城市大脑建设规划中，也可以窥见智慧体育大脑的冰山一角。智慧体育大脑是智慧体育建设的必然产物，尽管目前尚不成熟，但已在不断的理论探索与建设实践中逐步走入大众的视野，并转化为部分落地的成果。

智慧体育大脑是综合了“城市生命体”理论和“互联网+现代治理”思维的产物，其核心关注点在于解决体育信息流动的问题，并致力于提升相关决策的科学性和有效性。政府部门作为体育管理者，通过技术的力量使体育摆脱“神经系统”建设和有限关联的“初级智慧”状态，实现真正的智慧化。智慧体育大脑之所以被冠以“大脑”之名，旨在赋予其全局感知、及时反应、自主决策、协调各方的功能，以实现与人脑高度相似的演进方向。

探究人脑的运作方式，可以发现人脑功能的实现需要三大系统合力实现：①感觉神经系统，将体外信息传入脑内，进行有效汇总；②中枢神经系统，对信息进行处理分析，生成决策，驱动身体作出回应；③运动神经系统，驱动肌肉、内脏、腺体，将脑的决策付诸实行。智慧体育大脑拥有数据系统、分析系统、执行系统三大组成部分，进而形成“发现—决策—行动”的完整闭环。

数据系统类似人脑的感觉神经系统，负责数据的感知与整合。一方面，运用云计算、大数据等新技术，采集、整理人力所不能处理的超大规模全量多源数据，实现人与人、人与物、物与物的信息交流，使人类社会、信息空间和物理世界融为一体，进而实现对整个城市的体育运行状态的动态感知与实时监测。另一方面，遵循统一规范、安全可控、充分共享的原则，接入政府、企业、社会团体、运营商等海量的数据源，将跨区域、跨层级、跨部门、跨时间的体育运动数据集中在同一平台上，实现数据间的互联互通、融合共享，以数据的集成化推动管理分析和统筹规划的集成化，为决策制定奠定良好基础。

分析系统类似人脑的中枢神经系统，负责数据分析与辅助决策。通过数据系统汇集的海量感知数据资源，利用现代人工智能技术，可以洞悉人力难以发现的复杂规律，形成基于机器智能模式的对体育运动发展态势和状态的认知，进而提出超越人类决策局限性的全局最优决策方案。语义分析、统计推理、深度学习、演绎推理、知识表现等方法的使用，会对复杂的体育数据进行综合分析，庞大的数据基础极有可能挖掘出新的管理与服务规律，提供全新的决策视角，并对未来可能的发展趋势进行合理预测。

执行系统类似人脑的运动神经系统，负责将分析系统得出的决策落地。执行系统产生的一系列超级应用覆盖多个领域，包括智慧赛事、智慧场馆、智慧体育教育等。这些应用建设源于分析系统的决策成果，因而更具有科学性，更能充分、有效、合理地发挥各自的价值。

同时，应用的落实过程处于体育大脑系统的控制中，可以有效避免决策执行出现严重偏差，并能在有突发状况发生时，进行及时有效的应急处理。此外，这些智慧体育应用的使用过程中会源源不断为体育大脑提供反馈，这些新的反馈数据会被数据系统吸纳，推动整个系统不断实现自我优化。

智慧体育大脑运作的核心在于以技术力量推动决策优化。凭借以感知化和互联互通为特征的数据系统，以及综合智能的分析系统，智慧体育大脑在空间上打破了数据信息之间的壁垒，强调不同主体、要素间的共享、开放、协同。同时，智慧体育大脑突破了人类决策能力的极限，通过强大的资源整合、及时反应、自主学习能力，实现更精准的动态把握、更智能的资源调配、更高效的应用落地、更前瞻的规划预测，进而使体育决策与建设更加智慧，更能满足广大用户的需求。

三、智慧体育的发展背景

体育是一项以增强人的体质、促进人的全面发展为目的的活动，是一项提高生活质量、促进精神文明建设的社会文化活动，更是一项随人类经济社会发展而不断发展的产业活动。特别是在全球数字化的今天，在政策、技术、消费等多重因素的驱动下，体育产业已然向着智慧化的方向发展，跨入转型升级的快车道。

（一）智慧体育与智慧城市

伴随移动互联网、大数据、云计算等新一代信息技术的出现，以及各类智能化应用的兴起，世界的基础结构正在向着“智慧”方向发展，我们已然进入智慧城市时代。智慧城市对智慧体育的概念形成与建设发展，起到至关重要的作用。随着智慧体育建设的日趋成熟，其对智慧城市发展的促进作用也日趋明显。智慧体育与智慧城市的相互融合正在成为一种趋势，而这种趋势在当今最显著的表现，便是城市体育大脑的出现。

1.智慧城市的体育实践

智慧地球指的是，将信息技术充分运用到各行各业，深入交通、医疗、能源、教育等城市生活的方方面面，以期能够更透彻地感应、度量世界的本质和变化，促进全球更全面地实现互联互通，使全球事务、流程、运行方式更加智慧化。而城市是地球的缩影，其发展所面临的机遇与挑战，代表了人类在这个地球上所面临的机遇与挑战。构建智慧地球，从智慧城市开始。

(1)智慧体育诞生于智慧城市。智慧城市建设是推进国家新型城镇化战略，是促使城市规划、建设管理和服务智慧化的重要举措。

体育是城市文化的重要组成部分，在提升城市竞争力、展现城市精神、提升市民身体素质和生活品质等方面，发挥着至关重要的作用。城市的建设与发展是一项系统性工程,体育是其中重要的组成部分,其建设与发展和城市规划、城市基础建设、城市结构转型等方面密切相关。智慧体育是智慧城市的一个重要组成部分,是智慧交通、智慧医疗、智慧教育、智慧能源、智慧旅游、智慧金融等城市建设系统性工程中的一项,是智慧城市建设在体育领域的具体体现。

"智慧城市"一经提出,便受到广泛地接受和响应,越来越多的行业领域开始应用智慧产品与服务,以谋求自身的提升与改善。智慧城市为智慧体育建设提供了物质基础和技术支持,并对智慧体育进行了初步的架构。智慧体育吸纳了智慧城市"智慧"的核心理念,探索将互联网技术、移动通信技术、物联网等新兴技术应用于体育领域,形成更符合需要的体育活动方式及管理模式,进而构建新的体育产业形态。

(2)智慧城市奠定智慧体育基础。智慧城市为智慧体育奠定技术基础。智慧城市并不是一个只存在于理念中的概念,而是要能够从现实中获得感知。而这种现实感知获得的基本路径之一,便是借助新兴技术。技术沉淀是智慧城市的最重要特征之一,智慧城市的建设离不开移动互联网、大数据、云计算、物联网等先进信息技术的支持。这些技术应用于体育领域,也为体育的智慧化发展发挥了积极的作用。例如,物联网涉及的包括感知层、网络层、应用层等技术,就为智慧体育的发展提供了基础的网络架构铺设。

智慧城市为智慧体育奠定政治基础。智慧城市要求城市的管理者和运营者把城市看作一个生命有机体,看作包括交通、能源、商业、通信、人等多元素在内的系统的"智慧"建设,而非复杂功能的简单叠加,而体育也是这一复杂有机生命体中的一部分。城市生命体的正常运转,离不开政策的支持。智慧城市发展的过程伴随着一系列配套政策的诞生,而这些政策往往能够套用或延伸至智慧体育领域,或为智慧体育建设提供方向指导,或为智慧体育发展订立标准规范,为智慧体育带来更加广阔且持续的发展空间。

智慧城市为智慧体育奠定经济基础。智慧城市改变了城市的治理逻辑，在经济动能、要素构成、协同方式、转型路径等方面均发生了明显的变化。智慧城市建设所创造的巨大经济红利与市场空间，为智慧体育建设奠定了经济基础。智慧城市建设中智慧医疗、智慧教育、智慧金融等领域的发展，及其创造的竞争优势，会沿产业链进行全面延伸，进而带动智慧体育的发展。例如，智慧金融以金融创新的方式，探索体育产业众筹融资等新金融与体育产业的融合模式，实现在支持体育行业发展的同时，让投资者财富有增长的可能。

2.智慧体育与智慧城市的互助

体育与城市之间具有天然的联系。现代体育始于工业革命所带来的城市化高速发展，与城市化进程高度相关。城市的发展促进了现代体育的发展，现代体育的发展，尤其是智慧体育的发展，又反过来激发了城市的活力。

(1)体育影响城市。提到体育，越来越多的人会将其与城市的文化建设联系在一起。如自行车之于哥本哈根，足球之于谢菲尔德。体育能够成为城市的名片，重塑城市的形象，赋予城市更加鲜活的生命力。例如，主动申办和创办大型体育赛事就能快速提升举办城市的影响力。许多城市也依托体育的力量展示城市，从区域中心城市发展成国家中心城市，甚至成为国际上有影响力的城市。与此同时，体育可以充当城市人文精神升华的催化剂，并更为具象地体现在充实城市居民的精神文化生活，培养战胜困难的信心和进取精神，增强凝聚力、城市归属感等方面。

体育对城市的影响不仅限于丰富城市文化内涵，而更为切实地体现在对城市转型的助推作用。对于城市，体育不仅是一种文化活动，更是一种经济增长方式、城市发展模式，早已纳入政府的长期战略中。发展体育运动，尤其是举办大型赛事，往往需要建设一批现代化的体育设施，需要城市公安、交通、通信、环保、志愿服务等多方面协同配合，从而对城市建设提出新的需求。为满足这些需求，城市基础设施、管理水平等方面均需要整体完善，整个城市面貌会发生翻天覆地的变化，城市管理、治理也会相应发生改变。

随着城市文化水平的提高与生活品质的提升，城市将有能力吸引更多高质量的投资和人才，进而实现发展的良性循环。不同于工业时代以自身为资源型城市为荣，今天的城市正在越来越多地依靠体育、文化、艺术等诱因和媒介，吸引人才流、资本流、技术流和信息流向城市聚集。

(2)智慧体育激发城市活力。体育影响一座城，体育的发展与城市的发展密切相关。智慧体育的出现，突破了体育发展的瓶颈，在为运动参与者提供更多更优质服务的同时，促进了智慧城市的建设与发展。体育产业的科技理念，解决了网络城市“数字空间”与现实体育“物理空间”相分离的问题，成为城市智慧化转型升级的重要途径之一。智慧体育调动场馆预订、体育培训、体育营销、体育社交等领域的上下游资源，以有效的资源整合促进自身发展的同时，带动相关产业的迅速发展，使智慧城市内涵逐步拓展，激发城市活力。

智慧体育的一大特征是体育与科技的结合，需要通过可穿戴智能设备的应用、体育大数据平台的搭建等渠道，利用物联网、大数据、移动互联网、虚拟现实等手段，整合资源，以把体育运动服务落到实处。而在这一探索过程中，无论是新技术的研发、新服务的拓展、新平台的搭建，都终将成为智慧城市建设的一部分。其中科学技术的应用与高关联产业的有效互动，支撑利益相关者间的协同合作，产业结构调整与转型等方面的经验更是值得合理总结、复制、推广，应用于智慧城市建设的各个领域。

随着智慧体育发展进程的不断推进，体育产业开始呈现出与其他产业相融合的态势，将体育逐步渗透智慧城市发展的各个角落，发挥智慧体育魅力，带动智慧城市相关产业发展。较为直接的是，智慧体育发展产生的正外部效益，会随产业链向上下游辐射，带动智能器械、可穿戴设备等智能终端产业的发展，以及体育搜索引擎、新媒体、在线服务等配套服务产业振兴。智慧体育更孕育出独特的“体育+”产业，以跨业融合的形式，催生诸多新的产品与经济业态，扩大智慧体育的影响力与辐射面。例如，“体育+旅游”便是体育与旅游的融合体，依托良好环境，做好体育文章，结合城市自身特色和优势，挖掘城市文化内涵，打造体育旅游品牌，使城市成为体育旅游爱好者的目的地，进而促进城市发展。

（二）智慧体育发展的影响因素

体育作为一种特殊的社会现象，其发展必将受到经济、社会、政治、文化、科技进步等多重因素影响。在众多影响因素中，以下特选取政策、消费因素，探讨其对体育发展的驱动作用。其中，积极政策为体育发展提供顶层设计，从根本上打破转型升级的枷锁；消费升级牵引体育产业升级来临，引爆体育发展拐点。政策、消费及其他多因素动力叠加，合力推动体育向智慧体育方向迈进。

1.积极政策

体育的发展既与国民生活息息相关，又与国民经济发展密切相关，具有至关重要的地位。而政策作为一种计划性的政府行为，通过一系列的制度设计，对国家各领域发展均具有强烈的引导和示范作用，对于体育的发展更是如此。总体来看，积极政策可以改变无序的市场竞争状况，支撑体育实现持续健康发展。更可以从顶层设计的角度，对体育发展方向进行规划，打破转型升级的枷锁，牵引体育迈向智慧化。

具体到我国，体育的发展伴随着一系列积极政策的出台。国家政策可以从战略的高度，对体育发展进行整体性规划，更对体育未来发展提出更高要求。除宏观战略规划外，国家政策还可以为体育发展提供更为具象化的指导意见，明确体育于未来一段时间内发展的主要任务、重点内容、主要措施等。政策的出台可以对体育建设进行规范，为其健康可持续发展保驾护航。

2.消费升级

一方面，消费升级伴随需求变革，“牵引”产业革新实现。伴随着经济发展水平的上升,越来越多的家庭正从“温饱型”向“小康型”过渡,公众对体育娱乐、健身运动的需求相应提高。曾经奉行“金牌战略”的行政体育需求,逐渐被日益增长的公众体育需求所代替,体育开始从非消费型向消费型转变,亟须寻求产业化的运作模式。

同时,消费升级并不单纯体现在消费投入数量的提升上,更体现在对消费质量要求的提升上。人民越来越不能满足于传统的体育参与方式,需求更为多元化、个性化。例如,人民渴望观赏、参与更多种类的体育运动,体验更为丰富的运动内容。重视运动本身价值的实现,重视运动的过程,渴望获得更为科学化、更加身临其境的运动体验。更重视体育于锻炼身体之外的多元价值,追求身心放松、感官刺激、品位提升、个性彰显。如何准确、快捷地向这个庞大的市场,提供能够满足群众健身个性化追求的体育资源成为一个重要的话题,而这也为体育发展提出了更多新的要求。爆发式增长的体育消费市场,必然成为智慧体育高速发展的有力支撑。

另一方面,消费升级刺激资本市场,助力体育转型。伴随消费升级,体育运动参与人数越来越多,关注度越来越高,而“资本逐利”是颠扑不破的真理。嗅觉灵敏的资本市场必将抛弃传统体育产业模式,以期获得更高的回报。随着体育产业迎来高速发展期,社会力量投资体育产业的热情空前高涨,资本的大举挺入有利于满足体育发展先期所必需的资金、技术、渠道等,助力商业模式创新与技术创新演进融为一体的产业成长过程,在产业发展中发挥不可替代的作用,成为促进智慧体育发展的“超级引擎”。

同时,资本的介入可以有效激活体育市场,并进一步撬动增量市场,打造“体育+”生态,影响产业发展方向。资本市场利用自身巨大的资金规模、强大的信息处理能力,形成自身风险—收益判断,挖掘潜力大的新兴技术及模式,为未来体育发展提供更多方向选择。资本市场出于逐利本性,又会自发地由利润率低的产业流向利润率高的产业,推动体育进行积极的自我革新,实现转型升级。

第二节 智慧体育教学的价值与方向

在移动互联网、云计算、可穿戴设备等技术加持下,体育向智慧化方向发展,智慧体育成为体育革新的核心推动力之一。近年,国家陆续出台促进智慧教学发展的相关政策文件,要求以人工智能、大数据、物联网等新兴技术为基础,依托各类智能设备及网络,积极开展智慧教育创新研究和示范,为“智慧教育”提供了重要依据。

智慧体育教学是一种以移动互联网、大数据、云计算等技术为手段,以数据为底层基础,全面统筹人、教学环境、教学资源与设备的体育教学方式,其本质是通过智能技术在体育教学中的应用达到体育教学智慧化效果。其现实形态主要体现为:在体育教学活动、评价及管理等过程中,依托智慧体育教学平台,通过智能应用软件(如监测学生身体活动及生理学数据的手机App等)和硬件设备设施(如智能手环、手表、可穿戴设备、智慧体育场等),创设智慧化体育教学环境,以实现体育教学中身份互动、自由共享、场景创设、营造在场感、因材施教、个性服务等目标。

目前,智慧体育教学领域已有学者对智慧体育课堂、智慧体育教学模式以及智慧体育教学平台等进行研究。这些研究对智慧体育教学的实践特征与模式、技术应用场景、相对于传统体育教学的优势等进行了较为全面阐述。技术进步不仅带来了生活的便利和社会的发展,也在一定程度上带来了无法回避的负面影响(如伦理风险、技术异化等)。在智慧体育教学中技术如何起作用并影响学生、可能产生何种风险、未来的发展方向是什么,需要学者深思,从而为教学实践者和政策制定者提供前瞻性参考。

一、智慧体育教学的价值

(一)重构身份互动关系,打造自由化学习平台

在传统的体育教学中,教师通常扮演着传授知识和演示技能的主导角

色，学生则被视为接受教学内容和理解示范技术动作要领的对象。这导致了教学关系的相对僵化。对于当代学生来说，作为互联网时代的“原住民”，他们早已养成了通过网络数字技术主动、自由选择学习内容的习惯。未来的智慧体育教学有望通过数字虚拟技术，创造虚拟身份，重新构建参与主体身份的互动关系，包括身份主体之间的互动、身份主体与时空的互动以及身份主体与社区的互动等方面。

1.重构体育教学身份主体之间的互动关系

重构体育教学身份主体之间的互动关系是智慧体育教学发展的重要方向。通过基于数字虚拟技术的创新，可以重新定义教师和学生在体育教学中的角色和互动方式。未来的智慧体育教学将学生视为学习者、内容选择者和创造者，通过数字虚拟技术，为其打造个性化的学习体验。

在这一新的互动模式中，学生有机会利用数字虚拟技术打造自己喜爱的“数字虚拟体育明星”。通过与这一虚拟体育明星的互动交流，学生能够更加深入地了解体育知识和技能，增强学习的兴趣和专注度。这种个性化的学习体验有助于激发学生对体育的热情，同时培养其对特定技术优势和特点的理解。

教师在这个新模式下也发挥着重要作用。通过数字虚拟技术，教师可以创造数字虚拟助教，为体育教学提供更多的支持和辅助。这些数字虚拟助教可以解决体育教学中的知识和技术难题，为学生提供更深入的指导。与此同时，教师还可以与数字虚拟助教、学生进行交流，丰富教学互动方式和内容。

这种基于数字虚拟技术的智慧体育教学不仅在改变教学身份主体互动关系方面具有显著的优势，同时也为学生创设了更加多样化、自由化的体育学习方式。学生通过个性化的数字虚拟体育明星和教师创造的数字虚拟助教，可以根据自己的兴趣和需求，选择最适合自己的学习方式，满足学生多元化的体育学习需求，提高学习的效果和满意度。

2. 重构体育教学身份主体与时空的互动关系

重构体育教学身份主体与时空的互动关系是在数字虚拟技术的支持下进行的一项重要探索。在智慧体育教学中,身份主体与时空的互动不再局限于单一而线性的框架,而是通过信息技术的介入,成功颠覆并超越了时空的不可逆规律。数字虚拟技术为体育学习提供了独特的时空转换能力,使学生能够在不同的时间和地点进行体育学习,丰富了教学的层次和维度。

在体育教学方面,时空的转换和重复在智慧体育教学中具有显著的优势。通过数字虚拟技术,学生可以自由切换至不同时间点,重复进行特定动作技能的练习。这为学生提供了比较不同阶段动作技能的便利,从而促使其更好地理解和掌握运动技能。时空的灵活变换使得学生能够多次感受运动技能习得的肌肉记忆,有助于加深对技能的理解,提高技能的稳定性和准确性。

在实际教学中,通过数字虚拟技术实现时空的互动,学生可以在虚拟环境中模拟不同的场景,面对各种挑战。这有助于培养学生的反应能力、判断能力和解决问题的能力,提高其在实际运动场景中的适应性和应变能力。同时,教师可以通过数字虚拟技术精确捕捉学生在技能学习过程中的关键点和错误点,从而有针对性地进行指导和纠正,提高教学效果。

3. 重构体育教学身份主体与社区的互动关系

智慧体育教学以数字虚拟技术为基础,旨在重新塑造体育教学身份主体与社区之间的互动关系。这一教学模式不仅是将传统的教学方法搬到数字平台上,更是通过创造一个与真实世界平行的数字孪生世界,赋予体育教学更为强大的社交属性。

在身份主体与社区互动的层面上,体育教学的社交属性显著突出,因其涉及众多人际关系的处理。智慧体育教学通过提供一个数字平台,使学生能够根据个人兴趣和爱好选择加入不同的教学社区。这种个性化的选择权使得不同地缘关系的学生能够根据社区公约展开专项学习。与此同时,语言随时随地可以被转译和切换，这有助于弥合当前盛行的走班制在人员、地缘、时间上的冲突，提高教学的灵活性。

数字虚拟技术创造的这个数字世界为体育教学提供了更加灵活、开放的社交平台，使学生能够更自由地参与和互动。在这个数字世界中，学生不仅仅是单一的知识接受者，更是社区的一部分，可以在虚拟空间中展开协作、分享经验、共同成长。这种互动关系的重新构建为学生提供了更多的参与机会，增强了学生的责任感，激发他们更积极地投入体育学习中。

4. 重构体育课堂传授模式

重构体育课堂传授模式是在智慧体育教学的背景下，通过数字虚拟身份改变体育教学身份互动关系进行的。这一改变旨在突破传统体育课堂的单向传授模式，以促进更多元、更自主的体育学习体验。

（1）智慧体育教学运用虚拟数字技术等手段，营造了多元体育学习场景。通过这些技术，学生能够在虚拟环境中进行体育学习，拥有更多的自主权。这不仅使学生能够更灵活地选择学习内容和方式，还促使他们在体育学习中更好地进行自我表达。这种自主学习的模式有助于构建各教学主体认同的体育教学空间，为学生提供更加开放、自由的学习平台。

（2）智慧体育教学的特色之一是各类虚拟数字人的创设与加入。这一创新不仅可以为学生提供虚拟学伴，帮助他们更好地进行学习，还能够缓解体育教学师资的压力。通过虚拟学伴的引入，学生能够在虚拟环境中与数字人互动，获取个性化的学习支持，从而提高学习效果。同时，体育教师也能够更专注于指导和引导学生，而不必过分担心教学负担。

（二）重塑体育教学环境，营造在场感

智慧体育教学的出现标志着体育教学领域的一场深刻变革，具备塑造在线体育教学环境的先天优势，为学生提供了沉浸式学习体育知识的全新机遇。这一教学模式依赖先进的技术手段，如3D引擎和数字孪生等核心技

术，通过对现实物理环境的场景再现和可视化教学环境的全息构建，为学生创造了更为丰富、生动的学习场景。

1.搭建教学场景

在智慧体育教学中，教学场景的搭建是其中一个关键步骤。这一创新使得教学场景能够在数字平台上被自由创建和灵活切换，如足球、冰壶投掷等现实世界中的体育活动能够在数字世界中得以重现。通过提升数据收集与分析的精准度，智慧体育教学有能力预先对天气、学生心率等不确定因素进行全面而精准的风险规避。这一能力的运用不仅能够有效降低各类体育教学事故发生的概率。而且通过数字化技术的运用，学生将更全面地理解体育知识，促进个体技能的提高，实现在体育课程中“享受乐趣”的学习目标。

2.搭建体验平台

智慧体育教学的创新不仅在于重塑教学环境，更在于依托虚拟现实(VR)、增强现实(AR)等先进技术，为学生搭建逼真的体验平台，从而拓展现实教学环境的空间，成为沉浸式教学的“秘密武器”。这一技术手段为学生提供了独特的在场感，使得学习体育知识变得更加直观、深刻。

在智慧体育教学中，运用虚拟现实技术可以通过可穿戴设备实现对运动解剖学的讲解。这种感官功能的应用使得学生可以亲身观察和触摸人体生理结构，使抽象的知识变得更加具体和真实。通过这样的体验平台，学生能够更全面地理解运动过程中的生理变化，提高对体育科学的理解程度。这样的教学手段也能够培养学生的实践能力，使他们在学习过程中获得更为深入和直观的体验。

3.感受体育文化

智慧体育教学设备还能够为学生提供更加深刻的体育文化体验。通过利用技术手段，学生可以化身为特定时代的角色，感受具体时空中体育文化的生成与演进。这种沉浸式的学习方式不仅丰富了学生对体育历史的认知，更能够加深他们对体育文化的理解。通过身临其境地感受，学生可以更好地体会不同时代的体育活动对社会的影响，从而更全面地理解体育的发展历程。

4.丰富教学内容

在移动设备、虚拟设备等技术的推动下，智慧体育教学呈现出丰富多彩的面貌，通过将体育教学所需的专业元素以虚拟形式加入场地，实现对运动场景的逼真模拟，成功突破了体育场地等物理空间的限制，为体育教学内容的丰富提供了强有力的支持。通过这种创新方式，学校能够在数字化环境中融入各种专业元素，使学生能够更直观、深入地了解体育知识。

以南方地区为例，学校通过整合VR技术实现智慧学校体育教学，能够模拟雪山场景，为学生提供冰雪运动的学习体验。学生可以根据自身需求自主切换虚拟现实环境视野中的学习模式和教学形式，获取视觉、听觉、触觉感知等，使学生真切地感受虚拟环境中物体的存在并进行交流互动。这种技术应用不仅解决了地理、气候等因素造成的冰雪运动进校园推进过程中的阻碍，也为学生提供了更广泛的学习体验，促使他们更全面地理解和掌握冰雪运动相关知识。

5.增强师生互动

智慧体育教学的独特形式满足了教学中价值观与情感传递的需求，为师生互动提供了全新的可能性。通过突破物理空间的限制，智慧体育教学实现了身临其境的交互性和社交性，同时高保真度的体育教学环境更是为师生之间的互动提供了坚实基础。在这个教学环境中，眼神的对视、实时的沟通，甚至对心理偏好元素的数字摹写，都有助于增强师生在体育教学活动中交流心理情感的现实需求。

这种形式的互动不仅仅局限于师生之间，还包括学生之间的互动。学生在智慧体育教学中能够通过数字平台分享自己的体育经验、成果和想法，促进彼此之间的交流与合作。这种互动不仅使得学生更为积极地参与体育教学,也建立了一个更加紧密的学习社群,有利于共同进步和共同体验体育带来的乐趣。因此,智慧体育教学的师生互动不仅提高了教学效果,也培养了学生的团队协作和社交能力。

智慧体育教学对教学环境的重塑和教学活动场景的创设,以及对线上和线下体育教学资源的有效整合,能够保证学生“学为主”“练为纲”“学练结合”,做到教学合一、学练合一、知行合一,推进体育教学中的项目式研讨与深度学习,进而助推学生体育行为、情感、意志和习惯的养成。

(三)提供个性化发展服务,满足学生多样化需求

相比于面向学生“统一”需求的传统体育教学,智慧体育教学的独特之处在于其倾向于“私人定制”,能通过收集、分析个体信息,满足学生个体的独特需求。体育教学受学生个体体质、能力等影响,需要因材施教才能充分发挥体育教学功能,提高体育教学质量。

1.选择合适的体育项目

选择合适的体育项目对学生的身心发展至关重要。这一选择不仅关系培养学生对体育的兴趣与热爱,更直接影响他们是否能够长期保持良好的体育习惯。传统体育教学存在一些难题,主要体现在两个方面:一是受限于师资力量,难以提供个性化的指导;二是难以精确掌握学生的个体化需求。

智慧体育教学模式基于庞大的信息网络,通过可穿戴设备、移动智能终端等技术手段,实时获取学生相关数据,并对其体育行为进行全面监测、分析及管理。这种方式有助于获取个体化、精准化的体质健康和体育兴趣偏好等数据。借助分类、聚类等机器学习算法,智慧体育教学能够为学生提供个性化的课程和教学方案,更好地满足学生多样化的体育需求。

首先,智慧体育教学为提升学生参与体育活动的兴趣提供了具体而针对性的策略。通过全面了解学生的兴趣和偏好,智慧体育系统能够为其推

荐最适合的体育项目，激发学生积极参与的兴趣。其次，智慧体育教学模式践行了因材施教的原则，避免了学生因对选择课程了解不足或不感兴趣而降低学习效率的问题。

2. 定制个性化体育课程

智慧体育教学的发展为学校体育课程定制提供了更为科学和个性化的解决方案。

一方面，智慧体育教学与学校体质测试系统的结合使根据学生的身体状况提供个性化体育课程成为可能。通过智能化的数据采集、检测和分析来制定教学方案。例如，在华体智慧公司开发的智慧校园体育综合解决方案中，可以根据学生的身体质量指数(BMI)和运动成绩等指标量身定制运动方案。此外，系统还能自动纠正学生在运动过程中可能存在的不规范、不标准的动作，提高运动姿势的准确性。

另一方面，智慧体育教学通过数据融合和深度挖掘算法对学生需求的数据进行智能整合，为个性化运动在线咨询功能提供支持。在河北保定师范附属学校智慧体育课堂中，体育教师借助可穿戴设备和智慧系统实时了解学生的运动负荷，为学生提供个性化指导，实现了分层体育教学。教师可以根据学生的实际需求进行分级，共同商定参与体育课程的级别，从而提升整体体育教学质量。

智慧体育教学还在解决个体问题方面展现了强大的潜力。通过专门设置内容，例如小班化教学，系统能够整合各类优质体育教学资源，构建起体育教学资源的“网络超市”，为有特殊需求的学生提供个性化、有针对性的体育教学资源和内容。这一创新性的方法为满足学生多样化需求、提高教学质量提供了广泛的可能性。

智慧体育教学的定制个性化体育课程不仅在技术层面上提供了更为精准的数据支持，同时在教学方法和资源整合方面也为提高学生体育水平和兴趣提供了有力的保障。这一发展趋势将不断推动学校体育课程向更为科学、智能、个性化的方向发展。

二、智慧体育教学未来方向

（一）与自然环境和真实教学情境有机融合

智慧体育教学对于自然的仿真在一定程度上消解了体育的自然性。为将损害减少到最小，智慧体育教学应从各个方面降低数字虚拟技术对人的负面影响，减少对自然体育教学生态的破坏。

1.智慧体育教学环境

在智慧体育教学环境方面，重要的考虑因素之一是自然因素。智慧体育教学应当充分融入自然环境，而非过度强调通过“仿真”手段来模拟或替代自然环境。即便科技不断进步，必须认识到在智慧体育教学中，人仍然是主体。只有在人与自然和谐共处的情境中，我们才能够有效地促进个体的健康发展。因此，未来的智慧体育教学应该着眼于如何巧妙地将数字虚拟技术与真实自然环境相结合，通过智能体育教学手段在真实自然环境中辅助教学，以共同推动学生身体、心理和社会适应水平的同步提升。

就智慧体育教学设备研发而言，当前的系统操作设备尚不够完善。智慧体育教学系统主要依赖于虚拟现实（VR）技术提供的视觉、听觉和触觉体验，以实现体育教学目标。现有的VR触觉设备仅通过手持操作杆进行运作，难以为学生提供最真实的体验感觉，这对于体育学习存在明显的弊端。未来的智慧体育教学设备研发应该注重提升体验者的全方位感知，强调设备与自然环境以及真实教学情境的有机融合。这样的设备将能够为学生提供更直接的运动感受，促进学生运动技术与技能的全面提升。

2.智慧体育教学内容

智慧体育教学内容方面的设计至关重要，其核心在于充分利用智能化交互工具，以促进真实、科学和规范的身体运动。体育知识具有默会性质，因此在学生学习某项运动技能时，需要通过视觉和听觉同时让机体的大肌肉群和小肌肉群协同感知和体会，方能掌握这种隐性知识，从而形成内在的体育技能。

在智慧体育教学中，应当注重调动学生全身的真实运动，而非为了适应智能设备而人为设计割裂的局部肢体活动。通过智慧体育教学，能够激发学生全身肌肉群的反应，即便是在虚拟环境中，也要使学生感受接近自然环境的真实、科学和规范的练习。

同时，充分发挥智能设备在实时反馈数据、纠正错误动作等方面的优势，以使学生的每个动作更加接近标准。通过智慧体育教学，动作与动作之间的衔接变得更加连贯，从而实现动作技能学习的科学化、规范化和自动化的教学目标。这种方法有助于获得最佳的教学效果，使学生能够更快地提高技能水平。

（二）贯通体育知识、体验与情境

在智慧体育教学中，我们应避免仅仅依赖智能技术手段来吸引学生学习，以防止学生过度依赖或沉迷于这些技术。在智慧体育教学工具中，不应过分依赖智能技术来抽象和还原体育知识，从而割裂学生与真实世界的联系。相反，我们应强调在体育教学中利用智慧体育教学工具，打造学生喜欢的学习方式，全面贯通体育知识、体育体验和体育情境，弥合体育认知和实践之间的鸿沟。

未来的智慧体育教学应集中在以智能技术为基础，以身体练习和情境教学为主要手段。通过调动学生的身体和情感意象，强调体育的意义，引导学生关注自身的感受。借助智能技术的进步，实现体育教师和学生之间的身体互动实践，将传统的二维平面教学转变为更具立体感的三维课堂。这有助于克服当前在线体育教学难以全面提升学生身体素质、专项技能和体能目标的问题。

未来的智慧体育教学注重通过身体运动的实际体验来传达体育知识。

借助智能互动技术,传统的“看课”和“只看不练”的教学方式被转变为更具生动趣味的身体实践教学,鼓励学生在实践中主动发现体育的深层含义。例如,在学习运动生理学中涉及抽象概念的情况下,如肌纤维的收缩过程和骨骼肌细胞的生物电现象,可以利用技术手段创造虚拟的三维环境来向学生展示这些难以理解的概念。通过智能设备,学生可以观察肌纤维的收缩、肌丝的滑行、肌纤维的兴奋—收缩耦联,以及细胞间兴奋传递和骨骼肌细胞的动作电位传导等现象的动态模拟图像。基于这些模拟图像,结合教师的引导,学生可以进行真实的体验,实现对肌纤维收缩过程的全面理解。

本质上,体育教学是通过身体运动与外部世界进行对话的过程。因此,智慧体育教学的目标在于在避免技术风险的前提下解决传统体育教学中的多个难题。智慧体育教学可以充分利用自身技术优势,将脱离运动情境的单一身体练习整合为有机、完整的身体运动,强调个体的自主感受。以田径短跑的起跑—蹲踞式起跑教学为例,可以通过借鉴博尔特等明星在夺冠时的起跑视频,通过整体示范和局部示范、暂停、放大和回放等操作,帮助学生理解动作的关联性和规范性。将这些体育表象与学生在实际情境中的起跑经验结合起来,强调学生的个体感受。这种方法有助于帮助学生建立完整的动作概念,通过多元手段将外在的运动文化内化为学生内在的体育知识,最终促使学生掌握体育技能,实现理论与实践的统一。

(三)更加强调对体育道德的教育与规范

在体育教学中强化对学生体育道德的教育,是提升教师道德水平和应对智慧体育教学中可能出现的失范行为的前提和基础。

1.强调体育道德规范要素的开发和利用

在面对未来智慧体育教学可能存在的教师和学生行为失范风险时,必须更加强调对体育本身蕴含的道德规范要素的开发和利用。体育与道德规范之间存在天然的联系,因为体育活动模拟了社会中许多基本规制,如公开公正、公平竞争、刚健自强、知行合一，以及坚韧、勇气、自信、谦逊等社会普遍要求的品质。这些品质在体育教学和体育参与情境中得到体现。

(1)体育教师应树立良好的体育道德观念，以更高的道德标准要求自己。教师在体育教学中应不仅是知识的传递者，更应是道德榜样。通过积极的行为和态度，教师应引导学生树立正面的体育道德价值观。这涉及对公正、公平、激励、尊重等价值观的倡导，以及在体育活动中展现出来的正直和诚实。

(2)教师应把握体育教学中蕴含的典型的规则、规范、契约、法治等要素，并将其贯穿体育教学实践之中。通过清晰的规则和规范，学生能够理解在体育活动中应该遵守的行为准则。契约和法治的概念也能够培养学生对合理约定和社会法规的尊重和理解。这些要素的融入不仅能够规范学生的行为，也有助于培养学生的责任心和团队协作精神。

(3)体育教育应该将道德规范要素内化为对学生的道德要求。通过体育活动，学生能够体验胜利和失败、困难和挑战。教师应当引导学生从中汲取经验，培养高尚的道德情操。

2.将运动技能与体育精神、道德和品格相融合

在将运动技能与体育精神、道德和品格相融合的过程中，体育教师的作用至关重要。

(1)体育教师应致力于创设各种有利于学生体验体育道德的实践和情境。包括通过设计丰富多彩的体育活动，引导学生参与团队合作、公平竞争等活动，以培养其体育道德观念。同时，运动项目的多样性为体育教师提供了丰富的道德教育素材，可以借助不同项目的特性引导学生形成积极向上的道德观念。

(2)在具体的教学实践中，体育教师需要认识智慧体育教学实践本身具有的互动性、虚拟化和复杂性等特征。通过运用先进的教育技术和创新方法，体育教师可以在课堂上模拟真实体育场景，使学生更好地理解并运用体育精神、道德和品格。这种交互性的教学方式有助于学生深入理解体育背后的价值观，并在学习过程中逐步实现体育精神、道德和品格的协调发展。

（3）由于体育教学的复杂性，体育教师在进行体育道德教育时需要采用多样性的教育方法，包括但不限于个案分析、角色扮演、团队合作项目等。体育教师应因材施教，根据学生的个性特点和发展需求，灵活运用有针对性的教育方法。通过这些方法，体育教师可以引导学生在运动中形成个人良好的体育道德观念，建立起良好的体育道德规范，使其在体育及相关行为中展现出积极的品格。

3.对智慧体育教学中的相关行为进行规范约束

智慧体育教学虽然在提高学生学习体育知识和技能方面取得了显著成效，但我们也必须正视其管理方面存在的问题。与传统体育教学相比，智慧体育教学目前缺乏明确的规则规范，导致对参与者体育行为的约束程度相对较低。因此，迫切需要建立一套完善的管理规范，以统一智慧体育教学中体育行为表达的边界，从而对相关行为进行规范。

（1）体育教师和管理者在智慧体育教学中的作用至关重要。他们不仅应当关注学生体育技能的培养，更要强调对学生在智慧体育环境中的行为规范。为此，需要加强对体育教师的培训，使其具备更全面、深入的管理意识和技能。管理者则应该制定明确的管理政策，确保整个教学过程有序进行。

（2）针对技术漏洞的问题，体育教师和管理者应当时刻关注智慧体育教学中可能出现的技术漏洞，并及时予以修复。这不仅包括对教学软件和硬件的维护更新，还需要建立有效的信息安全措施，防范潜在的技术风险。只有通过弥补技术漏洞，才能最大化地发挥智慧体育教学的作用，确保其在提高教学质量方面取得更大的成就。

随着智慧体育教学的不断发展，对师生体育道德的要求也将愈发严格和规范。体育教学不仅是技能的传授，更是品德的培养。未来应当加强对学生体育道德的培养，使其在智慧体育环境中保持良好的行为操守。同时，教师和管理者要起到榜样的作用，引导学生正确对待体育竞技和合理利用智慧体育技术。

第三节 智慧体育教学的实施框架与开展思路

一、智慧体育教学的实施框架

（一）目标：基于智能平台设定教学目标

智慧体育教学的目标设定是基于智能平台的分析与预测，旨在克服传统体育教学中由于依据学生年龄和运动项目特征而产生的泛化问题。传统体育教学目标设置常受制于教师经验，缺乏个性化和科学性，而智慧体育教学通过人工智能技术的运用，以学生的认知、体能、技能水平、体育健康知识等为基础，实现了更加精准、个性化的目标设定。

首先，通过信息技术，特别是物联网等工具，智慧体育教学可以在课前实现对学生体质、运动技能情况的全面收集。通过线上教学平台，收集学生的体质、运动技能等信息，利用人工智能技术进行科学分析，建立学生的运动基础档案使教师能够在课前对学生的学习情况进行精准了解，为制定合理教学目标提供了先期数据支持。

其次，结合学生学习情况，智慧体育教学能够制定个性化、精准化的教学目标。通过智慧平台的分析，教师可以根据学生的体质健康数据、运动时长、技能掌握情况等方面，匹配个性化的体育教学目标。

最后，智慧体育教学通过有效的课堂分层练习，运用智能化工具，如课堂运动负荷监测系统，实时分析学生距离预定目标的距离，并提供适时的课堂提醒。这种实时性的反馈机制有助于学生更好地理解和掌握运动技能，同时也使教师能够调整教学策略，确保学生在课程中能够达到既定的教学目标。

总的来说,通过智能平台的精准化数据采集和分析,智慧体育教学克服了传统体育教学中难以量化、记录、监督和分析的问题,推动了体育教学目标的个性化和精准化实现,为教育体系的升级提供了新的可能性,使学生能够在更科学、更有针对性的教学中取得更好的体育学习成绩。

(二) 内容:基于学情传授适切性教学内容

智慧体育教学的核心之一是基于学情传授适切性教学内容,这一理念旨在通过精准的目标设定和数据分析,使体育教学更符合学生的个体需求,提高学生的学习效果。在智慧体育教学中,体育教学内容的适切性主要体现在难易程度、数量和呈现方式三个方面。

首先,智慧体育教学通过数据分析学生体育学习兴趣、运动技能教学内容、课堂身体活动水平和运动技能达成度等多个变量之间的相关性,实现体育教学内容的难易程度适切性。通过综合分析学生的个体差异,教师能够更准确地设定教学目标,确保教学内容既不过于简单以致失去挑战性,也不过于复杂以致过于艰难。这种个性化的教学内容设计有助于激发学生的学习兴趣,提高学生对体育课程的投入度。

其次,智慧体育教学关注体育教学内容的多少适切性。通过人工智能算法引擎技术建立学生成长记录电子档案,可以跟踪学生的体育学习过程,帮助教师从海量信息中挑选真正有利于学生发展的知识。在传统的体育教学中,学生需要学习多个运动项目,每个项目又包含多项教学内容,智慧体育教学则有助于减轻教师的困扰,使其能更有针对性地选择教学内容。此外,根据学生单位时间所学知识的情况,智慧体育教学还能够对其下一步要学的知识进行适当增减,确保学生的学习负担合理。

最后,智慧体育教学注重体育教学内容呈现方式的适切性。应用人工智能技术改变了传统的粗放式教学模式,能够根据不同学生的学习情况为其量身定制教学内容。通过实时监测学生的运动能力和学习表现,智慧体育教学可以为每位学生提供个性化的反馈和指导,使其在体育学习中更为精准而有效。这种适应性的教学方式不仅提高了学生的学习体验,也有助于更全面地培养学生的运动技能。

(三)组织:基于信息技术形成一体化学习

在当今信息技术飞速发展的背景下,智慧体育教学作为一种创新的教学模式,成功地突破了传统体育教学的时空限制,实现了从传统的灌输式教学向互动式教学的重要转变。该模式不再受限于传统的运动场地,而是通过整合线上与线下学习、课上与课下学习、校内和校外学习、虚拟和现实空间,为学生提供更加灵活多样的学习体验。这一创新性的教学理念以现代信息技术为支撑,通过共建优质教育资源、拓展教学空间、推动课程、教学、机制等方面的改革与创新,为提升大学体育课程的质量提供了有力支持。

基于信息技术的一体化学习使得学生能够在任何时间和任何地点灵活地获取所需的学习信息。这种学习方式推动了体育教育领域内教师对课程实施、教学内容、教学方法、教学手段、教学评价等方面的深入探索。教师积极应用信息技术,借助线上平台、虚拟实验室等工具,打破传统教学的束缚,提供更为生动、互动的学习体验。这种变革不仅在教育方式上取得显著进展,也推动了基层教学组织建设管理的创新。

在组织层面,智慧体育教学模式为教学组织建设提供了新的思路、新的方法、新的范式。通过信息技术,学校能够共建共享优质的教育资源,促使校内外的资源得到更好的整合与利用。这为学生提供了更加丰富的学习机会,提高了教育资源的利用效率。同时,智慧体育教学的推行也加强了教师间的交流与合作,促成了教育资源的共享与共建。

(四)反馈:基于动态数据监测评估教学过程

智慧体育教学在提升学生体育学习行为方面发挥着重要作用,其中动态数据监测评估教学过程成为关键。通过课前数据监测、课中跟踪反馈、课后改进提升的有机结合，智慧体育教学能够全面、系统地对学生体育学习进行动态监测和评估。在这一过程中，各种AI体育与健康教案智慧助手、体育与健康课堂智慧监控系统、儿童基本运动技能可视化测评系统等硬件产品的引入，为教学监控提供了完善的软硬件设施。

在课前阶段，通过智能化设备对学生的生理和心理状态进行监测，可以实现对学生的有效分析。这一阶段的关键在于利用现代技术手段，为教师提供学生个体差异的精准数据，为制定个性化教学计划奠定基础。

在课中阶段，通过对学生心率、血氧、步数、体温、跑步计时等关键数据的精准监测，采集的数据以《国家学生体质健康标准》为基准，系统智能分析和评判学生运动结果，帮助学校建立学生运动报告和运动档案。这不仅有助于了解每位学生的学习情况，还为体育教师提供了科学的依据，使其更好地指导学生，促进学生全面发展。

在课后阶段，体育教师通过建立体育运动追踪行为数据库，分析数据之间的联系，精准发现教学问题，进行及时干预。这种针对性地改进措施使得教学过程更加科学、高效，有助于提高学生体育学习的效果。

从实践意义来看，动态监测和评估学生体育学习过程，不仅能够及时反馈和评估教学结果，还尊重了学生身心发展规律。通过智慧体育教学，学生在练就健康体魄的同时，也能够更好地适应个体差异，实现个性化发展。这为教育体系的升级提供了有力的支持，为培养综合素质高的学生奠定了基础。

二、智慧体育教学的开展思路

（一）树立数据驱动智慧教学理念

智慧体育教学是新时代学校体育走向高质量发展的重要改革方式。

首先，数据驱动的应用是其中的核心。数据驱动学习借助信息技术，强调技术支持，属于教育技术学的范畴，是强化学习的分支。在智慧体育教学中，数据驱动教学通过数据的采集、分析、决策和反馈，能够全面记录学生体育学习的过程性信息。通过大样本数据的分析，建立常态数据处理模式，实现课前、课中、课后的实时数据反馈，从而深入分析体育教学过程中要素的相关性，及时发现问题并进行有效干预。

其次，构建智慧体育平台是实现高质量体育教学的关键步骤。该平台应该充分利用物联网、大数据等信息技术，建设“移动+互联”的校园智慧体育教学平台。这个平台应包括公共体育教学、课外体育锻炼、体质健康测试管理、群体组织管理、课外竞赛活动、场馆管理等内容，以生成移动化、立体化、智慧化的问题解决方案，实现线上和线下教学的一体化。智慧体育教学平台的构建应重点围绕学生运动数据的收集，建立运动成长档案，定时向学生推送符合其喜好的运动知识，并适时向学生家长开放，以实现家长与师生之间的信息互通等多方面的功能。

对于智慧体育教学平台的建设，有三个可行的方案：首先，由教育主管部门统一进行平台研发，并无偿交付学校使用；其次，社会专业机构或企业可进行平台开发，然后有偿提供给学校使用；最后，学校也可以集中资源，协调力量自行搭建平台。这些方案各有优势和劣势，可以根据实际情况选择最合适的方式来推动智慧体育教学平台的建设，以促进学校体育教学的高质量发展。

（二）警惕过度依赖智能技术

随着人工智能技术在体育教学中的广泛应用，我们必须警惕过度依赖这些技术可能带来的问题。智慧体育教育问题的复杂性不仅仅体现在事实性层面，还包括深层次的人文价值性问题。解决事实性问题可以依赖人工智能技术，但回答人文价值性问题则需要我们重新思考人文主义传统，实现技术与人文价值的共存。

首先，必须明确人工智能技术在智慧体育教学中的价值定位。这一定位应将人工智能技术视为教学手段而非终极目的，以免过度依赖技术导致智慧体育教学走向“表面化”和“偏离化”。尽管智慧体育教学为提升教学质量提供了机会，但我们同时应认识到人工智能技术存在的局限性。在追求技术进步的同时，必须谨慎防范技术过度渗透所带来的负面影响。

其次，体育教师需要重塑自身的教学理念和角色。尽管人工智能可以替代或优化教师的部分职能，但在实现体育教学的健全人格等育人功能方面，体育教师的作用不可替代。体育教师应当充分发挥其主体性作用，确保其在教学中的核心地位得以保持。实际上，体育教师在智能背景下的作用不仅无法被替代，而且其教育功能应得到进一步提升，以适应技术发展的新要求。

最后，必须始终回归体育教学的育人本质。无论“教育+人工智能”如何发展，都不能脱离体育教育的核心本体价值，即促进学生身心健康全面发展。在技术的支持下，需要超越表象，深入挖掘教育本质，以确保智慧体育教学不仅仅关注知识传授，更注重培养学生的体育知识、运动技能、体能、情感态度等方面的整体发展。

（三）建立数据与教学行为的有效连接

人工智能与体育教学的深度融合标志着提高体育教学设计水平和育人效益的重要发展路径。在智慧体育教学过程中，确立数据与教学行为的有效连接，是实现优质教育的关键。为此，应当注重分析不同教学行为中数据的相关性和因果性，并按照一系列步骤展开工作，以充分利用先进技术的潜力。

首先，通过全景式的课堂教学观察，能够尽可能地记录教师的教学行为、学生的学习行为以及师生互动等体育课堂的教学活动。这种全面的数据收集将有助于建立起全面、多维度的数据框架，为后续的分析提供充足的信息基础。

其次，在系统记录之后，需要对数据进行筛选和提纯。排除冗余或与教学行为无直接关联的低价值、低密度数据，保留准确性高、精细化的教学行为数据。这个步骤的目的在于确保后续的分析过程能够更加精准地反映教学活动的本质，提高数据的有效性。

再次，采用云计算等先进的数据分析手段，深入探究教学行为与数据之间的关联。基于教育学、心理学等相关理论，分析教学活动的合理性与科学性，制定符合逻辑的教育价值意义阐释，能够挖掘新的教学行为规律，为体育教学的创新提供理论支持。

最后，基于大数据对教学行为规律进行全面分析，可以发现体育课堂教学中存在的问题，并制定科学的教学改良和干预措施。通过采集学生的课堂身体活动水平数据，结合学生年龄、性别、亲子关系、师生关系等信息，教师能够更全面地理解教学环境对学生的影响，并提供个性化的教学方案。

总体而言，通过建立数据与教学行为的有效连接，我们能够更深入地了解体育教学的本质，推动教学设计的最优化，实现合理引导“教”与“学”行为的效果。这一过程不仅提升了教学的科学性和实效性，也为培养全面发展的学生提供了更有力的支持。因此，深度融合人工智能与体育教学是迈向未来教育的关键一步。

（四）发挥智慧体育教学育人价值

智慧体育教学的育人价值在于其能够推动教学从师生协同管理向人机协同治理的演变，这种演变不仅是一种技术变革，更是对教师角色认知的深刻转变。随着智能技术的广泛应用，教师需要适应慕课、微课等软件工具，同时具备数据采集和分析的技术能力。

首先，体育教师需要主动转变角色认知，拥抱科学的技术观。在智能时代，很多教师仍依赖传统的教学方法，缺乏智慧体育教育培训。因此，体育教师必须拓展自身素养，确立人工智能无法替代的地位，从而在教学实践中巧妙地结合智能技术，提升自身教学能力。

其次，重视基于技术支持的专业发展。在信息技术的支持下，体育教师的智能素养应包括搜集、处理和分析数据的能力。为了培养这些能力，可以在职前教育中纳入数据分析和智能技术应用素养的考核体系。在职后教育方面，通过采用案例教学、线上和线下结合的方式，促进教师的专业发展，确保其能够适应快速变化的技术环境。

最后，积极构建基于技术支持的教师学习共同体。这种共同体由志同道合的教师组成，共同致力于利用智能技术解决实际问题，为教师的专业发展提供有益的环境。在实践中，可以通过联合地区、学校、教师和教育技术专家，建立一个完善的技术学习共同体。专家可以定期提供个性化的技术辅导，实现“人工智能+教师”的协同效应，进一步提升整体教育水平。

智慧体育教学为现代化体育教学变革提供了美好的愿景，引领着未来的体育教学研究和实践，但仍然处于初级发展阶段。在推进智慧体育教学实施的过程中，既要认识到当前智慧体育教学缺乏的客观事实，又要认识到人工智能技术有限性、体育教师智能素养欠缺、数据容易异质化缺失等问题。未来，应结合体育教学的学科实践性特征，有效探讨技术边界和技术价值问题，将智慧体育教学落到实处，方能发挥出最佳的育人作用。

第二章 智慧体育教学的技术基础

第一节 网络安全基础

在数字时代,智慧体育教学的发展受益于计算机网络的广泛应用。网络安全作为智慧体育教学的基础之一,不仅是保障教学平台正常运行的重要因素,更是确保学生、教师及相关数据信息安全的不可或缺的环节。

一、计算机网络的功能

计算机网络是由若干互连的计算机组成,通过通信设备实现信息交换和资源共享的系统。其功能多种多样,从基础层面到应用层面均具有重要意义。

第一,资源共享。通过网络连接,用户可以共享各种硬件设备和软件资源,如打印机、存储设备、数据库等。这种共享能够提高资源的利用率,降低成本,并使用户能够方便地访问远程的资源,实现跨地域的协同工作。

第二,高可靠性。网络系统通常设计为冗余结构,当某个节点或链路发生故障时,系统可以自动切换到备用路径,确保网络的可靠性和稳定性。这有助于防止单点故障,提高系统的鲁棒性,保障信息的可靠传输。

第三,负载均衡。通过合理分配数据流量和任务,负载均衡可以确保网络资源得到有效利用,避免某些节点过载而导致性能下降。这种平衡有助于提高整体系统的性能和响应速度,使网络更加稳定和高效。

第四,分布式处理。通过将任务分布在不同的计算机节点上进行并行处理,网络可以更高效地完成复杂的计算任务。这种分布式处理方式提高了系统的处理能力,降低了响应时间,并促进了大规模数据的处理和分析。

第五，数据传输。网络通过各种传输介质，如有线或无线通信，实现了信息的快速、可靠传输。数据传输是计算机网络存在的基础，支撑了各种应用和服务的实现。

随着社会的不断发展，计算机网络的功能还在不断扩展。特别是随着网络社会化和社会网络化的不断深化，人们对网络的需求更为多样化，网络的功能与应用将会变得更加深刻和广泛。从社交媒体到云计算，从物联网到人工智能，计算机网络正成为现代社会不可或缺的基础设施，其功能也将不断演进以满足不断变化的需求。

二、计算机网络安全的认知

由于计算机与网络技术的日益普及，现代网络技术以其开放性和共享性，给人类进行信息的生产、加工、处理、储存、传输和使用都带来了巨大的方便。但与许多其他科学技术一样，网络技术在给人们带来方便的同时也带来了一些严重的问题。恶意攻击、网上犯罪、网上钓鱼、网络病毒等无所不在，以至于使人们对来自网上的任何一则信息都持怀疑态度。网络安全已成为影响当代人类社会生活乃至一个国家战略生死存亡的关键因素之一。因此，对于每一个生存在当今信息时代的公民和集团，信息与网络安全知识是其保护个人或集团机密信息、自身利益和财产安全的必备知识。

网络安全的问题主要集中在网络系统中，是一个涉及面宽广而又错综复杂的问题。威胁信息安全的因素很多，有自然灾害、各种故障以及各种有意或无意的破坏等。为了确保信息系统的安全，需要从多方面着手，采取各种措施，比如物理措施、管理措施、技术措施、教育措施等。基于计算机与通信技术相结合的现代信息网络系统，是一种有着广泛应用的信息网络传输系统，其安全性非常重要，特别是以互联网为代表的计算机通信网络正在成为未来全球信息系统的最重要的基础设施。

网络安全是一门涉及计算机科学、网络技术、通信技术、密码技术、信息安全技术、应用数学、数论、信息论等多种学科的综合性学科。网络安全可看成多个安全单元的集合。其中，每个单元都是一个整体，包含了多个特性，具体如下：

第一，物理安全。保证计算机信息系统的各类设备的物理安全，是整个计算机信息系统安全的前提。物理安全是指保护计算机网络设备、设施及其他媒体免受环境事故，以及人为操作失误、错误或者各种计算机犯罪行为导致的破坏。

第二，网络运行及系统安全。网络运行安全是指进行网络环境搭建时需要时刻保证网络中的数据安全和运行安全。为了能保证此类安全，一般采用的关键技术包括防火墙技术、网络入侵检测技术、数据加密技术、应急备份还原技术、网络协议分析等。操作系统安全是网络安全的基础，只有保证操作系统的安全，才能保证网络环境的安全，一般会对操作系统进行系统评级并进行系统安全加固，从而进一步保障网络安全。

第三，应用服务安全。应用服务安全是指在使用各类应用程序时需要注意的安全问题。由于应用服务的种类较多，因此方法也各不相同，用户需要分析各类应用服务程序的安全问题，才能较好地保证应用程序安全。

第四，管理安全。管理安全是指需要加强人员的安全意识，并加强人员管理。网络安全除了使用各类安全技术来进行维护外，人的因素也非常重要，因为人是所有事物的主体，人是各类安全技术的实施者。不管采用的技术多么先进，如果进行人为的泄密或者破坏，那么所有其他的技术手段都将是徒劳的，因此在网络安全中对于人员的安全规范管理至关重要。

三、智慧体育教学中网络安全的意义

在数字时代，智慧体育教学作为一种创新的教学模式，已经成为体育教育领域的重要组成部分。然而，在积极推动教育进步的同时，智慧体育教学也引入了一系列与网络安全相关的问题。因此，深刻理解和关注智慧体育教学中网络安全的意义显得尤为重要。

首先,网络安全在智慧体育教学中的意义体现在信息保护方面。智慧体育教学往往依赖于网络技术,通过在线平台、智能设备等实现教学资源的共享和学习过程的互动。随之而来的是大量的教学信息、学生个人数据等在网络中的传输和存储。若不强化网络安全措施,这些敏感信息可能受到网络攻击威胁,造成严重的信息泄露和安全隐患。因此,确保智慧体育平台的信息安全性,保护学生、教师等相关参与者的隐私权益至关重要。

其次,网络安全的重要性还在于保障智慧体育教学的稳定性和可靠性。网络攻击可能导致教学平台的瘫痪、数据丢失等问题,从而影响教学正常进行。在智慧体育教学中,如果网络不稳定,可能会导致实时互动的教学过程中断,影响学生的学习体验。因此,通过建立健全的网络安全机制,能够有效防范各类网络威胁,确保教学平台的稳定运行,保障教学质量和效果。

最后,智慧体育教学中网络安全的意义还表现在培养学生的网络安全意识和技能方面。随着科技的不断发展,学生在日常学习中接触的网络环境越来越复杂,面临的网络威胁也日益增多。通过智慧体育教学,学生可以接触到实际的网络应用和工具,同时也容易暴露于网络安全的风险中。因此,智慧体育教学应该成为培养学生网络安全意识和技能的重要平台,通过相关的教育内容和活动,使学生能够正确理解网络安全的重要性,学会预防和应对网络威胁的方法。

综上所述,智慧体育教学中网络安全的意义不仅在于信息的保护,还在于保障教学的稳定性和可靠性,以及培养学生网络安全意识和技能。只有通过全面的网络安全措施,才能更好地推动智慧体育教学的发展,实现数字时代智慧体育教学的可持续发展。

第二节 大数据技术

智慧体育教学与大数据技术的结合为体育教育领域带来了深远的影

响,为学生和教育者提供了更全面、个性化的学习和教学体验。大数据技术在智慧体育教学中的应用,不仅拓展了教学的可能性,还提高了教育质量和效果。

随着时代的发展、科技的进步,人们的生活逐渐被计算机、互联网等一些数据化、信息化的技术所改变,而且其所带来的爆炸性的信息增长方式不仅引发了时代性的变革,也彻底影响了人们的生活。进入21世纪后,互联网的应用范围在移动互联、社交网络及电子商务的推动下不断扩大,同时物联网、车联网、医学影像、金融财政及电信通话等产生的大量数据使信息呈现出爆炸性增长的趋势,与此同时,数据信息迎来了大发展的时代,并由此诞生了"大数据"这一概念。随着信息技术的不断深入,几乎扩展到了所有的人类智力与发展领域,并逐渐成为大数据时代的象征。大数据可以归结为超过传统数据库软件获取、存储、管理和分析能力的大规模数据集。

一、大数据的主要构成

大数据从最初的ERP/CRM数据,到互联网数据,再到物联网数据,不仅体现了大数据在信息量方面的激增,还反映了大数据在复杂性方面的提升,从这个层面来说,大数据实现了由量变到质变的飞跃。大数据的构成主要包括两部分:结构化信息和非结构化信息,其中,结构化信息更多的是指传统数据库中的数据形式,非结构化信息则包括文本、视频等新兴的数据存储形式。

大数据是一种包含海量数据但又超越海量数据而存在的规模化数据库,也就是说,大数据不仅体现在数据的量方面,还体现在数据的复杂性方面。简而言之,大数据是一种囊括交易和交互数据集在内的所有数据集,其不仅突破了常用技术的数据处理上限,还体现出强大的信息捕捉、管理及处理能力。海量交易数据、海量交互数据及海量数据处理是大数据的三大主要数据分支。

首先,海量交易数据主要指内部的经营交易类数据,主要包括联机交易数据和联机分析数据。从形态结构上划分,海量交易数据是一种结构化的,借助关系数据库以实现管理和分析的静态历史数据,也就是说,海量交易数据是记录过去发生了什么。此外,海量交易数据一般存储于在线交易处理与分析系统中,其是借助ERP应用程序及数据仓库应用程序来实现交易数据的正常运转,而且,随着互联网下的云模式启动,传统的关系数据信息仍在继续增长。

其次,作为一种新生力量的海量交互数据,其是由呼叫详细记录、设备和传感器信息、GPS和地理定位数据、科学信息及电子邮件等一些社交媒体数据构成,不同于海量交易数据,海量交互数据更多的是传达未来的信息。

最后,海量数据处理,通俗来讲,就是将收集到的客户端数据经过分布式数据库或分布式存储集群,以实现海量数据的查询、分类及汇总等,进而为用户提供数据分析服务,同时,还可深度挖掘海量数据,以满足用户更高级别的数据分析需求。

二、大数据的分析挖掘技术

大数据分析挖掘技术就是在改进原有技术的基础上,开发新的数据挖掘技术,包括数据网络挖掘、图挖掘及特异群组挖掘等,同时特定的数据连接及相似性连接也是大数据分析挖掘技术的重要内容,其旨在通过大数据挖掘技术实现用户兴趣分析、网络行为分析及情感语义分析等。

大数据的分析方法在大数据领域尤为重要,这是因为在面对海量的数据信息时,如何对其进行分类、汇总,以供用户查询是大数据所面临的关键问题。而且在大数据日益增长的情况下,如何获取更多智能的、深入的、有价值的信息就显得格外重要。基于此,大数据分析就成了大数据中最重要的环节。与此同时,大数据在数量、速度及多样性等方面呈现出不断增长的复杂性也对大数据分析技术提出了更高的要求。具体来说,作为判断数据信息是否有价值的决定性因素，大数据分析方法主要包括以下五种：

第一，可视化分析。因可视化分析能直接呈现出大数据的特点，所以其不仅是大数据分析专家用来分析数据的有效手段，还是普通用户进行基础分析的基本方法，此外，可视化分析还可将大数据以简单明了的方式呈现出来，使读者在观看时如同看图说话一样方便快捷。

第二，数据挖掘算法。数据挖掘算法作为一种统计学家所公认的大数据分析方法，其不仅能深入数据内部，挖掘出具有价值的数据，还能提高数据处理及分析的速度和准确度，以在最短时间内得出结论，提高大数据的理论价值。此外，数据挖掘算法作为大数据分析理论的核心，其基于数据类型及数据格式而展示出了不同数据所具备的特点，以更好、更科学地对数据进行分类、汇总，进而满足不同用户的不同需求。

第三，预测性分析。预测性分析是大数据分析中比较重要的领域之一，其通过建模的形式，将大数据中隐藏的数据特点转化为一般的模型，进而通过新数据的输入预测未来。

第四，语义引擎。作为一套系统的分析、提炼数据的方式，语义引擎不仅能应对非结构化数据所带来的多元化挑战，同时语义引擎依靠人工智能还实现了数据信息的主动提取功能。

第五，数据质量和数据管理。数据质量和数据管理是数据分析结果真实性和有效性的保证，因此大数据分析需要高质量的数据信息及有效的数据管理手段，以实现其在学术领域及商业应用领域的价值。

三、大数据的维数

随着高维度数据的不断扩增，其能带给我们的价值信息也在增长，但是并不是说数据的维度越高，其蕴含的信息越多，当数据的维度从低维向高维发展时，起初的数据分类效率会随之增加，但是当数据维度超过一定范围时，数据的分类效率反而会随着维数的增长而下降，这是因为当数据维度过高时，其中含杂的无关项、冗余项及干扰项也就越多，影响了数据分类的效率。我们平常所说的“维数灾难”“数据爆炸”等就是因为数据的维度过高而阻碍了数据分类效率，因此，在处理数据时，剔除高维度数据中的无关项、降低数据维度便成了关键环节。

高维度数据因其过多的冗余项和干扰项，不仅给数据分类算法带来了阻碍，还引发了分类过拟合的风险。此外，高维度数据的不相关和冗余特征也减缓了学习进程，造成资源的浪费，同时对机器学习算法也产生了负面影响。基于此，可以就大数据分析挖掘、计算机学习算法及模式识别展开研究，以改进数据处理、分类及聚类的方法。虽然研究团队在各自的研究领域有着不同的研究课题和研究方向，但是最终目的都是要通过数据处理手段在原始样本的基础上预测出可用的数据模型，进而从海量的数据信息中挖掘出有效的信息以供使用者使用。由此看来，数据分类在数据处理的过程中尤为重要，其凭借自身强大的功能实现了大规模数据的模式分类。总的来说，在面对庞大的样本数据和高维度特征的数据时，维数约简成为数据处理过程中的关键环节。

作为模式分类的预处理环节，维数约简有着极其重要的作用，具体来说体现在三个方面：首先，维数约简的过程就是对数据不相关项及干扰项的去除过程，经过维数约简，一方面使得模式语言更加简练，另一方面又提高了分类器的学习算法效率；其次，高维数据在经过约简后，其数据特征变得更加突出，这在一定程度上缩减了输入模式中数据的特征数目，降低了特征空间维度和分类学习模型中学习算法的复杂度，在缩短学习时间的基础上还提高了训练速度；最后，维数约简不仅降低了分类模型的训练样本个数，提高了学习算法的准确率，还保证了分类模型预测的有效性，在不影响样本数量存储的基础上降低了数据的存储成本。

第三节 物联网技术

一、物联网技术的概述

（一）物联网的背景

物联网的出现改变了人们的思维习惯和生活方式。传统的思维认为车站、公路、机场等物理基础设施和计算机、宽带、数据中心等互联网技术基础设施是相互独立的，但随着物联网的出现，物理基础设施和互联网技术基础设施逐渐形成一个整体，成为统一的基础设施。

物联网的定义体现在字面意思中，“物”即物体、物品，“网”指网状、网络，“联”指关联、联系，将这些含义组合起来可以得到物联网的初步定义，即通过类似网状的形式将各个物体之间联系起来的一种体系结构。

任何事物之间都具有联系，互联网和物联网是相互依存、相互联系的关系。物联网以互联网为基础，没有互联网，物联网的概念就像无源之水。

（二）物联网的原理

人们对互联网的相关概念早已耳熟能详，互联网是指通过计算机信息技术将两个或多个计算机终端、客户端和服务器互连，人们可以一起工作，甚至可以在数千里之外进行聊天、视频通话、发送电子邮件，互联网将世界各地的人连接起来，打破了人与人之间时间和空间的限制。物联网更进一步，不仅可以连接人，还可以连接物，互联网构建了虚拟网络的世界，物联网则连接了真实的物理世界。互联网是物联网的基础，物联网是互联网的延伸和发展，因为物联网中的信息传播需要通过互联网进行。物联网将用户端延伸到了物与物、人与物之间。

在互联网上，人是使用和控制互联网的主体。信息的产生和传播都是由人进行的;物联网以物为中心,进行信息的收集、传输和编辑。互联网主要应用在个人和家庭中,物联网则更突出行业、个人和家庭市场。

从如何连接的角度来看,物联网中的对象或人具有与当前互联网访问地址相似的唯一网络通信协议地址。泛在网络是物联网发展的高级阶段,是物联网旨在实现的最高目标,它代表了未来网络发展的趋势和方向。泛在网络可以支持人对人、人对物(例如设备和机器)以及物对物的通信。泛在网络意味着通过服务订阅,个人和设备可以在最小的技术限制下随时随地以任何方式访问服务和通信。简而言之,泛在网络是无处不在且全面的网络,其中包括各种应用程序,以支持随时随地的人与物之间的通信。

(三)物联网的特征

物联网是在互联网基础上建立和发展的先进技术,其运行离不开互联网。尽管物联网与互联网存在密切联系,但是从网络的角度来看,物联网具有独有的特征,主要体现在以下三个方面:

首先,物联网具备互联网特征。互联网为物联网中各设备之间的通信提供了基础网络支持,实现了物联网间的信息传递。物联网中充斥着大量的传感器,这些传感器将采集到的信息需要通过互联网进行传输。物联网的核心特征在于"物品触网",通过对互联网各种协议的支持,确保信息传输的可靠性。物联网借助互联网架构实现设备之间的连接,为数据的快速传递提供了必要的基础设施。

其次,物联网具备识别与通信特征。在物联网中,各类传感器的种类和功能各异,它们采集的信息涵盖了生活的各个方面。这些信息具有时效性,需要对其进行持续刷新。物联网的传感器将物理世界信息化,实现了对分离的物理世界和信息世界的高度融合。通过不同传感器的协同工作,物联网实现了对环境的全方位感知,从而为智能化的应用奠定了基础。

最后,物联网具备智能化特征。与仅仅收集信息不同,物联网根据所获得的信息对相关设备实现智能化的自动控制。基于采集的信息,物联网进行处理和计算,运用各种关键技术实现相关的操作和管理,以满足不同用户的需求。物联网的智能化特征使得自动化的智能控制技术深入生活的方方面面,提升了效率和便利性。

二、物联网对体育过程的监管

学校体育课上课时间自由、空间充裕、项目多样化,多元化的运动选择包括了多样的体育器材。种类多样但数量有限的体育器材在学校各种场地上应用,就需要对体育器材实施合理的集团化管理,这一直是高等学校体育运动中亟待解决的问题,在现实工作流程中无法合理协调数量有限的体育器材。物联网技术的运用,则很好地解决了上述问题,在高校体育运动流程中起到了有效的管理效果。

(一)物联网对体育器材的管理

射频识别技术(RFID)是目前全球物联网技术行业应用最广泛的射频技术,最早广泛应用于消费电子产品供应链技术领域,并不断发展和普及。目前,已广泛应用于体育教学仪器使用管理服务领域,主要应用集中在体育仪器的使用保管、在校体育学生的服务接待、教师体育课堂设备使用、学生课后活动使用、课后仪器归还等多个方面。以往体育器材的管理以传统的管理方式进行,学校专门设置了一个设备管理器,每台设备都是人工登记和管理的,不仅浪费人力和时间,而且复杂且容易出错。射频识别技术可用于识别体育器械。如果机房远离其他机房,电子书签标志也同样会随时保持机房正常工作状态,大大减少了机房人工质量管理的过程。同时,可以对专用体育器材频率进行实时监控,记录每个使用者的频率,也就是可以通过GPS等技术实时跟踪每个使用者的轨迹,即在每台专用体育器材上,都粘贴一个独立的专用电子标签,实现整个使用过程的监控。

（二）物联网对体育场地的管理

我国对学生身体健康素质的高度重视，使得学生对健身体育锻炼的重视程度越来越高。目前，学校不仅高度重视公共学校体育艺术选修课、课余时间体育锻炼和学生身体健康技能测试，还积极组织学校体育艺术社团活动，开展学校体育艺术文化节。学校公共体育活动丰富多彩，但需要对有限的校园公共体育场馆进行协调。将高校物联网的动态分析数据管理信息与学校体育信息安全监控中心管理数据中心相关联，通过动态数据分析掌握学校各个阶段校园体育场馆的建设、使用情况以及平时参与学校体育活动开展的工作人员情况，利用普通学校移动校园网、大屏幕、手机App等信息提示系统及时发布活动信息，使教师和学校管理者能够及时掌握各类体育场馆的使用情况，及时调整教学活动的相关内容，从而开展更为适宜的体育教学活动。

同时，学校还在体育场附近使用电子摄像头实时监控学生在体育场内的活动情况，人流量较大时，及时疏导和协调，以确保学生体育活动的安全有序。同时，将对所有参与活动项目的人员进行现场引导，以不断改善高校户外体育活动文化氛围。努力营造和谐、安全、有序的课外体育活动环境，促进学校的全面发展。

（三）物联网对运动员选才的管理

随着高校综合体育教育工作的不断深入发展，学生的综合体育竞技能力越来越高。体育竞争能力主要取决于综合体育相关专业人才的竞技能力。对于综合体育教育来说，需要筛选并培育出优质、有巨大发展潜力的高校综合体育专业人才。传统的运动员选才方法采用了大量的运动评价和测试方法，如短跑测试爆发力、长跑测试耐力、体前屈测试柔韧等。虽然这种方法可以选择一些体育人才，但也会忽略一些有潜力的体育新生。如果学校引进物联网技术，如激光扫描仪测量、身高骨龄测量等先进技术手段。就可以通过物联网技术，检测和分析学生的身体素质、体型、运动机能等指标。物联网技术的广泛应用能够极大地提高教练在运动训练和团队领导中的积极性，使学校竞技体育得到发展和壮大，不断推动高校竞技体育向更高、更快、更强的目标迈进。

三、物联网在体育竞赛中的应用

（一）物联网在田赛中的运用

物联网技术在田赛中的运用，特别是激光测距仪的应用，为高水平田赛的测距带来了显著的影响。传统的测距方法需要裁判员通过人工寻找投掷器械的落地点，并进行标记和测量。这种方法存在一定的误差，因为裁判员的经验和水平可能会影响比赛结果的准确性。为解决这一问题，引入物联网技术成为一种新的解决方案。

激光测距仪作为一种先进的测距器材，其技术原理为在选手投掷器械后，裁判迅速定位落点并进行标记，然后利用激光测距仪测量投掷起点与标记落点之间的距离。这一过程不仅更为迅速，而且减少了人为因素对测距准确性的影响。为了进一步提高效率和减少误差，引入物联网技术，即在投掷器械中设置电子标签，是一个创新的举措。

通过在投掷器械中嵌入电子标签，一旦器械着地，电子芯片将反馈至测量系统。测量系统将自动计算并显示投掷器械的着地点与起点之间的准确距离，结果即时呈现在电子显示屏上。这一自动化的过程不仅提高了效率，而且有效减少了手动操作可能引起的误差，使测量结果更加准确可靠。

因此，物联网技术的引入不仅简化了测量过程，还提高了比赛的整体观赏性。准确的比赛结果能够确保公正公平的比赛评定，为观众提供更具可信度的观看比赛体验。整个赛事过程变得更加流畅，同时也为裁判员提供了更科学、更可靠的数据支持。

（二）物联网在径赛中的应用

物联网在径赛中的应用对比赛的公平性和精确性产生了积极的影响。在短跑项目中，引入电子计时器可有效减小人工计时误差，大大提高了比赛的公正性。

在高校长跑项目中，人工计时容易产生误差，尤其是在裁判员执行裁判时存在时间要求。而射频识别技术通过在比赛队员头上粘贴电子标签，并在比赛开始、途中和结束时设置阅读器，可以自动获取选手的信息，从而更加精确地监测竞赛过程和评价选手的成绩。

超远距离竞赛中，裁判通过射频识别技术能够正确判定前八名的结果，减小了技术水平对成绩的影响，确保比赛结果的真实性和公平性。传统的人工计时容易导致后一名选手成绩的偏差，对选手而言是不公平的。这种不公平可能影响选手参加竞赛的积极性和热情。

（三）物联网在球类比赛中的应用

物联网在球类比赛中的应用正逐渐成为提升比赛质量和管理的重要手段。为了更有效地监控和管理球赛，射频识别技术被引入，通过在球内安装传感芯片并配备镜头扫描整个比赛场地，实现了全方位的实时监测。这一技术的最大优势之一在于能够通过电子芯片更准确地确定球的落点。争议分数和不明确的越界判定在比赛中时有发生，视频回放功能可以帮助裁判迅速、公正地解决争议。这不仅提高了比赛的公正性，还为球员和教练提供了明确的裁判依据。

此外，物联网技术还为在场的教练提供了额外的支持。通过实时获取比赛数据，教练能够更好地了解场上情况，并据此制定更精准的技战术。这些数据不仅帮助教练深入分析队员的技术水平，更能为赛后提升水平提供科学依据。通过对这些数据的分析，教练能够研发更加个性化和有效的战术体系。

总的来说，物联网在球类比赛中的应用通过降低人为因素的干扰，提高了比赛的公正性，同时为球员和教练提供了更多的数据支持，从而推动了球类比赛管理和水平的全面提升。这一趋势对于校园体育和职业体育都具有积极的影响。

四、物联网对学生身体机能反馈的应用

随着物联网技术的不断发展，其在教育领域的应用也日益广泛。其中，物联网软件在学校体育中设计了生理功能反馈系统，通过集成生理和副生理功能传感器装置，能够传输和分析大学体育课堂的教学效果以及学生的生理机制反应，包括体温、脉搏、血压、血氧与呼吸等参数。此系统不仅覆盖了常规体育课堂，还包括一些选修课程。该系统的设计旨在监测学生在课堂中的身体和心理反应，并能够即时反馈给教学管理人员，以便进行有效处理。整个系统中的SPSM(学生流程服务管理系统)按照其应用功能和安装地点划分为两个主要部门，即人体功能数据处理中心和人体功能参数采集子系统。

首先，人体功能数据处理中心是系统的核心，负责与学生佩戴的各种传感器建立传感联网。这些传感器通过无线端口直接连接至ZigBee的无线网络，每个传感器都具有唯一的识别码，以防止系统冲突。使用2.4GHz的全球免费无线频率，并通过跳频技术克服了同时传输的问题，确保在学生相互接近时不会引起系统干扰。

其次，人体功能参数采集子系统通过生物感应器收集生物参数信息，并通过调理电路将其转换为电信号，最终传送至ZigBee无线网络端口。这些传感器和调理电路被设计为轻巧、小型和易于替换的功能模块，以便根据需要进行功能参数的调整。

通过采用世界领先的物联网信息技术，该系统搭建了学校体育运动相互联通的框架，不仅有效推动了学校体育过程管理水平和体育竞赛活动管

理水平的整体提升，还实现了学校体育器材管理信息化和赛事管理现代化。这种创新尝试符合当前学校体育教学改革的主要发展方向，为未来学校体育运动的多样化、智能化和高水平化提供了充分支持。

第四节 人工智能技术

近年来，人工智能发展迅速，已经成为科技界和大众十分关注的一个热点领域。人工智能是新一代“通用的技术”，对经济社会发展和国际竞争格局产生着深刻影响。

智能是指学习、理解并用逻辑方法思考事物，以及应对新的或者困难环境的能力。智能的要素包括：适应环境、适应偶然性事件、能分辨模糊的或矛盾的信息、在孤立的情况中找出相似性、产生新概念和新思想。

自然智能是指人类和一些动物所具有的智力和行为能力。人类智能是由许多各有自己构成、本质特点和运作机理的智能个例或样式组成的有“家庭相似性”的大杂烩。每个智能都是由一定生物模式所实现的功能模块，他们集合在一起可形成不同层次的复合能力。人类智能表现为有目的的行为、合理的思维，以及有效地适应环境的综合性能力。智力是获取知识并运用知识求解问题的能力，能力则指完成一项目标或者任务所体现出来的素质。

一、人工智能的学科框架

第一，人工智能理论基础。任何一门正规的学科，必须有一套完整的理论体系做支撑，对人工智能学科而言也是如此。到目前为止，人工智能学科初步形成一个相对完整的理论体系，为整个学科研究奠定基础。人工智能基础理论主要研究的是用“模拟”人类智能的方法所建立的一般性理论。

第二，人工智能应用技术。人工智能是一门应用性学科，在其基础理论支持下与各应用领域相结合进行研究，产生多个应用领域的技术，他们是人工智能学科的下属分支学科。目前这种与应用领域相关的分支学科随着人工智能发展而不断增加。人工智能应用性研究的是用“模拟”人类智能的方法与各应用领域相融合所建立的理论。

第三，人工智能的计算机应用开发。人工智能是一门用计算机模拟人脑的学科，因此在人工智能技术的下层应用领域中，最终均须用计算机技术实施应用开发，用一个具有智能能力的计算机系统以模拟应用领域中的一定智能活动作为其最后目标。大数据与人工智能都是现代信息技术的主要分支，已被广泛应用到人们的生产生活中，尤其是在工业生产领域，基于大数据和人工智能的生产技术优化与生产模式完善都十分常见。人工智能的计算机应用开发研究的是智能模型的计算机开发实现。

人工智能学科体系的这三个部分是按层次相互依赖的。其中基础理论是整个体系的底层，应用技术则是以基础理论作支撑建立在各应用领域上的技术体系。以上面两层技术以理论为基础，以现代计算机技术为手段构建起一个能模拟应用中智能活动的计算机系统作为其最终目标。

二、人工智能的理论基础

人工智能的基础理论分两个层次：第一层次是人工智能的基本概念、研究对象、研究方法及学科体系。第二层次是基于知识的研究，它是基础理论中的主要内容，包括以下几个方面：

第一，知识与知识表示。人工智能研究的基本对象是知识，它所研究的内容是以知识为核心的，包括知识表示、知识组织管理、知识获取等。在人工智能中知识因不同应用环境可有不同表示形式，目前常用的就有十余种，其中最常见的有：谓词逻辑表示、状态空间表示、产生式表示、语义网络表示、框架表示、黑板表示以及本体与知识图谱表示等多种表示方法。

第二，知识组织管理。知识组织管理就是知识库，它是存储知识的实体，且具有知识增、删、改及知识查询、知识获取（如推理）等管理功能，此外还具有知识控制，包括知识完整性、安全性及故障恢复功能等管理能力。知识库按知识表示的不同形式管理，即一个知识库中所管理的知识其表示的形式只有一种。

第三，知识推理。人工智能研究的核心内容之一是知识推理。其中推理指的是由一般性的知识通过它而获得个别知识的过程，这种推理称为演绎性推理。这是符号主义学派所研究的主要内容。知识推理有多种不同方法，它因不同的知识表示而有所不同，常用的有基于状态空间的搜索策略方法、基于谓词逻辑的推理方法等。

第四，知识发现。人工智能研究的另一个核心内容是知识归纳，又称知识发现或归纳性推理。其中归纳指的是由多个个别知识通过它而获得一般性知识的过程，这种推理称为归纳性推理。这是连接主义学派所研究的主要内容。知识归纳有多种不同方法，常用的有人工神经网络方法、决策树方法、关联规则方法以及聚类分析方法等。

第五，智能活动。智能活动是行为主义学派所研究的主要内容。一个智能体的活动必定受环境中感知器的触发而启动智能活动，活动产生的结果通过执行器对环境产生影响。

三、人工智能的应用领域

在人工智能学科中，有很多以应用领域为背景的学科分支，对他们的研究是以基础理论为手段，以领域知识为对象，通过这两者的融合最终达到模拟该领域应用为目标。目前这种学科分支的内容有很多，并且还在不断地发展中，下面列举较为热门的应用领域分支：

第一，机器博弈。机器博弈分人机博弈、机机博弈，以及单体、双体、多体等多种形式。其内容包含传统的博弈内容，如棋类博弈，从原始的五子棋、跳棋到中国象棋、国际象棋及围棋等。如球类博弈，从排球、篮球到足球等。还包括现代的多种博弈性游戏以及带博弈性的彩票、炒股、炒汇等带有风险性的博弈活动。机器博弈是智能性极高的活动,机器博弈的水平高低是人工智能水平的主要标志,对它的研究能带动与影响人工智能多个领域的发展。因此目前国际上各大知名公司都致力于机器博弈的研究与开发。

第二,声音、文字与图像识别。人类通过五官及其他感觉器官接受与识别外界多种信息,如听觉、视觉、嗅觉、触觉、味觉等,其中听觉与视觉占所有获取的信息90%以上。具体表现为文字、声音、图形、图像以及人体、物体等识别。模式识别指的是利用计算机模拟对人的各种识别能力。目前主要的模式识别包括:①声音识别,包括语音、音乐及外界其他声音的识别;②文字识别,包括联机手写文字识别、光学字符识别等多种文字的识别;③图像识别,如指纹识别、个人签名识别以及印章识别等。

第三,知识工程与专家系统。知识工程与专家系统是用计算机系统模拟各类专家的智能活动,从而达到用计算机取代专家的目的。其中,知识工程是计算机模拟专家的应用性理论,专家系统则是在知识工程的理论指导下实现具有某些专家能力的计算机系统。

第四,智能机器人。智能机器人一般分为工业机器人与智能机器人,在人工智能中一般指的是智能机器人。这种机器人是一种类人的机器,它不一定具有人的外形,但一定具有人的基本功能,如人的感知功能、人脑的处理能力以及人的执行能力。这种机器人是由计算机在内的机电部件与设备组成。

第五,智能决策支持系统。政府、单位与个人经常会碰到一些重大事件须做出的决断称为决策,如某公司对某项目投资的决策;政府对某项军事行动的决策;个人对高考填报志愿的决策等。决策是一项高智能活动,智能决策支持系统是一个计算机系统,它能模拟与协助人类的决策过程,使决策更为科学、合理。

第六,计算机视觉。由于视觉是人类从整个外界获取的信息最多的,因此对人类视觉的研究特别重要，其在人工智能中称为计算机视觉。计算机视觉研究的是用计算机模拟人类视觉功能，用以描述、存储、识别、处理人类所能见到的外部世界的人物与事物，包括静态的与动态的、二维的与三维的。最常见的有人脸识别、卫星图像分析与识别、医学图像分析与识别以及图像重建等内容。

四、基于人工智能技术的体育教学发展

人工智能技术在体育教学领域的发展日益引起广泛关注。随着科技的迅猛发展，人工智能在教育领域的应用逐渐深入，其在体育教学中的应用也呈现出独特的优势和潜力。

首先，人工智能技术为体育教学提供了更加个性化和智能化的教学方法。通过采用智能教育系统，可以根据学生的个体差异和学习风格，量身定制教学内容和方法，从而提高教学效果。例如，基于人工智能的虚拟教学系统可以模拟各种体育场景，对学生进行实时指导和训练，使他们更好地理解和掌握运动技能。

其次，人工智能技术对学生学习体验的改善也是不可忽视的。传统的体育教学往往受时间和空间的限制，而人工智能技术可以通过虚拟现实和增强现实等技术，创造出更为真实和丰富的学习环境。学生可以通过虚拟场景进行体育训练，感受更真实的比赛氛围，提高参与度和学习动力。

最后，人工智能技术在教育管理方面也发挥着积极作用。通过数据分析和挖掘，教师可以更好地了解学生的学习情况和表现，及时进行个性化的干预和指导。人工智能系统还可以协助教师进行课程规划和资源分配，优化教学流程，提高教学效率。

值得注意的是，人工智能技术在体育教学中的应用仍然面临一些挑战，如隐私保护、技术成本以及师资培养等方面的问题。在推动人工智能技术在体育教学中的发展时，需要综合考虑技术、伦理和社会等多方面因素，制

定相应的政策和规范，确保其健康而可持续发展。

通过智能化的教学方法、个性化的学习体验以及高效的教育管理，人工智能技术将为体育教学带来更多的可能性，为学生提供更为丰富、深入的学习体验，推动体育教育的不断创新和进步。

第五节 虚拟现实技术

“虚拟现实（VR）”通常被用作各种沉浸式体验的总称，包括许多相关的概念，如“增强现实（AR）”“混合现实（MR）”和“扩展现实（XR）”。此处的虚拟现实，通常指的是沉浸式计算机模拟现实，它创造了一个虚拟的现实环境。虽然数字环境既可以基于真实的地点创建（如珠穆朗玛峰顶），又可以基于想象的地点设计（如水下城市亚特兰蒂斯），但它们依然存在于现实世界之外。

一、虚拟现实技术的认知

虚拟现实是一种人与计算机生成的虚拟环境之间可自然交互的人机界面，它利用计算机生成一种模拟环境，是一种多源信息融合交互式的三维动态视景和实体行为的系统仿真，可借助传感头盔、数据手套等专业设备，让用户进入虚拟空间，实时感知和操作虚拟世界中的各种对象，通过视觉、触觉和听觉等获得身临其境的感受。

虚拟现实技术是仿真技术的一个重要方向，是仿真技术与计算机图形学、人机接口技术、多媒体技术、传感技术和网络技术等多种技术的融合，是一门富有挑战性的交叉技术。虚拟现实是一种能力，能让一个（或多个）用户在虚拟环境中执行一系列真实任务。虚拟现实是一个科学技术领域，利用计算机科学和行为界面，在虚拟世界中模拟3D实体之间实时交互的行为，让一个或多个用户通过感知运动通道，以一种伪自然的方式沉浸其中。

用户通过虚拟环境与系统互动和交互反馈,进行沉浸感模拟。

(一) 虚拟现实技术的特征

1.沉浸感

虚拟现实技术的特征之一是沉浸感。沉浸感是指用户作为主角存在于虚拟环境中的真实程度。在理想的虚拟环境中,用户应该难以分辨虚拟和真实的差异,甚至虚拟环境应该能够超越真实。这种沉浸感不仅包括视觉感知,还涉及听觉、力觉、触觉、运动甚至味觉和嗅觉等感知。理想的虚拟现实环境应当具备人类感知的各种功能,使得用户可以在其中产生与真实世界相似的感知体验。沉浸感的实现在于用户对虚拟环境中的物体产生了对真实物体相似的存在感或幻觉,从而使用户完全投入虚拟环境中。通过模拟现实世界的感知机制,虚拟现实技术可以让用户在虚拟环境中体验身临其境的感觉,从而提升用户的参与感和体验质量。因此,沉浸感是虚拟现实技术中的一个重要特征,其实现对于提高虚拟现实体验的真实性和逼真度至关重要。

2.交互性

交互性是虚拟现实技术的另一个重要特征。指的是用户使用专门设备对虚拟环境内的物体进行操作,并能够从环境中得到自然的反馈,包括实时性。在虚拟环境中,用户可以通过专门设备如手柄、手套等与虚拟物体进行交互,仿佛在真实世界中操作物体一样。例如,用户可以用手直接抓取虚拟环境中的物体,这时手会感受到触摸,用户可以感觉物体的质量,而且被抓取的物体会立刻随着手的移动而移动。

虚拟现实技术利用计算机生成一种模拟环境,例如飞机驾驶舱或操作现场等,通过多种传感设备使用户仿佛置身其中,实现用户与虚拟环境直接进行自然交互的技术。这种交互性的实现涉及各种传感器技术和实时数据处理技术,以确保用户与虚拟环境之间的交互反应能够达到高度的真实感和流畅性。通过交互性,用户可以在虚拟环境中执行各种操作,并且能够获得与真实世界相似的反馈,这使得虚拟现实技术在培训、仿真、娱乐等领域具有广泛的应用前景。因此,交互性是虚拟现实技术中至关重要的一个方面,它使用户能够在虚拟环境中与物体进行自然而直观的互动,增强了用户的参与感和体验感,提升了虚拟现实技术的实用性和吸引力。

3.构想力

构想力是指用户沉浸在多维信息空间中,依靠自己的感知和认知能力全方位地获取知识,发挥主观能动性,寻求解答,形成新的概念。虚拟现实不仅仅是一个演示媒体,还是一个设计工具,它以视觉形式反映了设计者的思想。例如,在建造一座现代化的大厦之前,首先要做的事是对这座大厦的结构、外形做细致的构思,为了使之定量化,还需设计许多图纸,当然这些图纸只能内行人能读懂,虚拟现实就是可以把这种构思变成看得见的虚拟物体和环境,使以往只能借助传统沙盘的设计模式提升到数字化的所看即所得的完美境界,大大提高了设计和规划的质量与效率。

计算机产生一种人为虚拟环境,这种虚拟的环境是通过计算机图形构成的三维数字模型,编制到计算机中去产生逼真的“虚拟环境”,从而使用户在视觉上产生一种沉浸于虚拟环境的感觉,这就是虚拟现实技术的沉浸感或临场参与感。正是由于虚拟现实技术的上述特性,它在许多不同领域的应用,可以大大提高项目规划设计的质量,降低成本与风险,加快项目实施进度,加强各相关部门对于项目的认知、了解和管理,从而为用户带来巨大的经济效益。

(二)虚拟现实技术的社会意义

虚拟现实技术作为一种前沿的信息技术,具有广泛的社会意义。它不仅在娱乐领域有着巨大的应用前景,还在教育、医疗、工业、军事等领域发挥着重要作用,对社会产生了深远的影响。

1.教育领域

虚拟现实技术的迅速发展为教育领域带来了新的可能性和机遇。在数字时代,教师不再局限于传统的课堂教学方式,而是能够利用虚拟现实技术为学生提供身临其境的学习体验,从而提升学习的趣味性和效果。

首先,虚拟现实技术为学生提供了沉浸式的学习环境,使他们能够亲身体验各种模拟情境。例如,通过虚拟现实技术可以使历史事件重现,学生仿佛置身于历史的现场,深刻感受历史事件的发展过程和影响。此外,地理环境的探索也成为可能,学生可以通过虚拟现实技术身临其境地探索地球的各个地区,加深对地理知识的理解。生物结构的展示则使学生能够以全新的方式探索生命科学领域,深入了解生物结构与功能之间的关系。

其次,虚拟实验室和虚拟考古场景等应用为学生提供了更加安全、便捷的实践环境。传统的实验室环境可能存在安全风险和资源限制,虚拟实验室则能够在不受时间和空间限制的情况下,让学生进行各种实验操作,观察实验结果,从而更好地理解科学原理。虚拟考古场景则为学生提供了模拟考古挖掘的体验,让他们身临其境地探索古代文明,从而激发对历史文化的兴趣,并培养学生的历史意识和文化素养。

2.医疗领域

虚拟现实技术在医疗领域的应用具有革命性的潜力,它不仅能够提升医疗技术水平和手术安全性,还能够为心理疾病的治疗提供新的方法和工具。

首先,虚拟现实技术为医生提供了一个安全、逼真的环境,用于手术模拟和病例训练。医生可以通过虚拟现实技术进行高保真度的手术模拟,实践各种复杂的手术操作,从而提高他们的技术水平和应对突发情况的能力。这种实时的、交互式的模拟训练有助于医生在实际手术中更加自信和熟练,减少手术风险,提高手术的成功率。

其次,虚拟现实技术在心理疾病治疗方面也展现出了巨大的潜力。比如，恐高症和创伤后应激障碍等心理疾病常常需要暴露疗法来治疗，而传统的暴露疗法可能存在着一定的限制和风险。虚拟现实技术可以创建出高度仿真的虚拟环境，让患者在虚拟环境中逐步暴露于他们害怕的对象或场景，从而帮助他们逐渐克服恐惧和焦虑。这种虚拟环境下的暴露疗法不仅安全可控，而且还能够根据患者的具体情况进行个性化调整，提高治疗效果。

3.工业领域

虚拟现实技术在工业领域的应用为企业带来了巨大的益处，不仅提高了产品设计和生产效率，还增强了工人的培训和安全意识。

首先，工程师可以利用虚拟现实技术进行产品设计和工艺仿真。传统的产品设计和工艺仿真往往需要大量的时间和资源，而虚拟现实技术能够提供一个高度逼真的虚拟环境，让工程师可以在其中进行产品设计和工艺仿真，通过实时的交互式操作进行调整和优化。这种虚拟的设计和仿真过程不仅可以减少实际试验和调整的时间，还可以大大降低成本，并且能够提前发现和解决潜在的设计和工艺问题，提高产品的质量和生产效率。

其次，虚拟现实技术还可以用于工人的培训。在传统的工业培训中，工人往往需要亲身参与实际操作，不仅费时费力，而且可能存在一定的安全风险。而通过虚拟现实技术，工人可以在虚拟环境中模拟各种操作场景，进行反复练习，熟练掌握操作技能，而且可以在虚拟环境中安全地进行各种高风险操作，减少因操作不当而引发的事故。这种虚拟环境下的培训不仅节省了时间和成本，而且提高了工人的培训效果和安全意识，有助于降低工作中的人为失误率，提高生产效率和工作质量。

4.航空航天领域

在航空航天领域，虚拟现实技术的应用对于飞行模拟和航天器设计具有重要意义。航空航天工程师可以通过虚拟现实技术进行高度逼真的飞行模拟，以及航天器的设计和测试，从而提高飞行器的性能和可靠性。

首先，虚拟现实技术为工程师提供了一个仿真的飞行环境，使他们能够在安全、可控的环境中进行各种飞行情景的模拟。在虚拟现实环境中，工程师可以模拟各种飞行场景，包括起飞、飞行、着陆等，以及各种极端天气条件和飞行异常情况，如恶劣天气、机械故障等。通过这些模拟，工程师可以测试飞行器的性能和安全性，发现和解决潜在的设计和操作问题，预防飞行事故的发生。

其次，虚拟现实技术还可以用于航天器的设计和优化。工程师可以利用虚拟现实技术对航天器的外观和结构进行虚拟设计和仿真，从而优化设计方案，提高航天器的性能和可靠性。通过虚拟现实技术，工程师可以模拟航天器在不同环境和负载条件下的运行情况，分析其受力和热力特性，优化结构和材料选择，以及提高航天器的整体性能和寿命。

5.建筑和房地产领域

在建筑和房地产领域，虚拟现实技术的应用为建筑师和房地产开发商提供了新的设计和展示手段，同时为客户提供了更加直观、身临其境的体验，促进了房产项目的销售和租赁。

首先，建筑师可以利用虚拟现实技术进行建筑设计。通过虚拟现实技术，建筑师可以将设计方案转化为高度逼真的虚拟建筑模型，客户可以在虚拟环境中亲身体验建筑设计方案，感受空间布局、光线效果、材料质感等各个方面的细节。这种虚拟环境下的体验让客户更加直观地理解建筑设计方案，与传统的平面图或模型展示相比，更具说服力和吸引力。

其次，房地产开发商可以利用虚拟现实技术进行房地产展示。通过虚拟现实技术，开发商可以将房产项目转化为虚拟现实环境，客户可以在虚拟环境中漫步、观赏不同户型的房屋，感受房产项目的整体氛围和生活场景。客户可以通过虚拟现实技术提前预览房产项目，选择心仪的房屋。这种虚拟环境下的房地产展示不仅方便客户，还能够大大提高销售效率，降低营销成本。

二、基于VR的体育沉浸式教学

沉浸式的虚拟现实教室,又叫虚拟教室,就是把沉浸式的虚拟现实技术引入体育教学中,让学生在教学中充分感受虚拟现实中的各种事物,从而获得更好的体验。

(一)基于VR的体育沉浸式教学的可行性

1.技术上的适用性

现代科技如人工智能、人机交互和传感技术为体育沉浸式教学提供了广阔的可能性。结合这些技术,可以建立起沉浸式教育的有效方法。其中,实现虚拟现实的关键技术包括3DsMax、Unity3D、Quest3D以及人工智能的VRP。

3DsMax用于完成基本的场景模型、材质、照明、摄影机等工作,为沉浸式体育教学提供了基础的视觉元素。

Unity3D主要应用于虚拟现实课堂互动内容的实现,为学生提供与虚拟环境互动的机会,增强学习体验。

Quest3D,即时3D建构器,使用简便且具有出色的视觉效果,有助于打造逼真的虚拟运动场景。

人工智能的VRP,作为独立版权虚拟现实应用软件,直接面向三维美工设计,为体育沉浸式教学提供更完整的智能化体验。

这些技术的综合运用为体育沉浸式教学提供了技术上的强大支持,使得教师能够创建高度逼真且互动性强的教学环境。

2.要求是否可行

虚拟现实的体育课堂具备对过去历史场景的还原和对现实场景的模拟能力,从而满足对体育课堂环境的要求。在虚拟实境中,能够解决运动器材缺乏的问题,有效降低成本。在虚拟现实体育教室中,教师可以通过与虚拟环境中的对象互动,将相关知识内容生动呈现,引导学生对运动进行认识,使他们始终沉浸在运动的课堂中,实现教学目标。

人工智能虚拟现实教室创造了高度虚拟化、智能化的运动场景,为学生创造了沉浸式学习的条件。学生能够通过发现和探索,实现体育学习的目标。在虚拟现实的运动教室中,学生更加积极地投入学习,获得更好的学习效果。因此,基于人工智能的体育沉浸式教学在满足技术要求的同时,也在教育目标的实现上展现了明显的可行性。

3.经济上的可持续发展

通过3DsMax、Unity3D等技术,实现虚拟教室的教学环境,这些软件功能齐全、操作简单,对学生而言无需过多时间和精力学习软件的使用。随着软件的不断更新迭代,更多体育场景将被植入软件中,促使更多教师和学生通过网络资源分享,参与虚拟现实的运动教学,达到低投入、高产出的效果。传统的体育课程通常依赖于口头讲解和学生站立聆听的方式,而沉浸式虚拟运动教学要求具备学习目标的真实教室,让学习者融入虚拟运动世界中。这种方法能为学生和教师提供最真实、最引人入胜的体验。

(1)虚拟现实的运动教室打破了时间和空间的限制,只需携带虚拟现实设备,就能在任何时间、任何地点进行体育教学。

(2)虚拟现实的教学内容通过真实、动态的三维虚拟图像来呈现,使学生身临其境,获得最佳学习效果。虚拟体育教育能模拟真实世界中的教学场景,激发学生的学习兴趣。

(3)沉浸式虚拟体育教学中,学生可以与体育老师和伙伴随时进行沟通、交流和讨论,通过手、眼、头等动作完成虚拟现实体育教学活动。

(4)虚拟环境下的学习让学生多感官参与,提升学习效率,同时减少外部干扰,使远程体育教学更贴近课堂氛围,增强学生的注意力。在虚拟运动课堂中,即使学生离开虚拟世界,也能得到教师的详细讲解,与教师进行心灵沟通,形成自己的价值观。这一切表明,基于人工智能的虚拟现实体育教学具有可持续发展的潜力。

（二）基于VR的体育沉浸式教学应用场景

1.体育教学课件的制作

体育教学课件的制作是为了在教学过程中提供系统、有序的教学材料，以有效传授体育知识和培养学生的运动技能。在讲授某门课程之前，应根据教学目的搜集材料，制作出一套完整的教学课件，体育教学也不例外。

第一，制作体育教学课件的第一步是搜集相关材料。在讲授特定体育课程之前，教师应仔细梳理教学目的，并从多方面搜集与之相关的资料。这些资料应当突出体育教学的重点和难点，同时注重展示学生在运动技巧方面的发展。材料的收集不仅包括理论知识，还需要结合实际运动技能，以确保教学内容全面而深入。

第二，体育课件的制作要充分利用虚拟技术，通过数据处理建立一个全面的数学模型。虚拟技术的运用可以使信息更直观地呈现，尤其是运动技巧的展示。通过虚拟技术对所需信息进行处理，可以创造出逼真的运动场景，帮助学生更好地理解和掌握课程内容。此外，建立清晰的立体人像是体育课件制作中的关键步骤，体育教师应根据优秀运动员的数据进行调整，以确保学员的实际能力和预期能力达到均衡。

第三，制作好的体育教学课件应用于实际课堂教学。虚拟技术使得学生能够更直观地学习和理解运动技巧。教师可以利用虚拟技术进行实时观察，并及时纠正学生的错误，促进学生在运动技能上的全面发展。通过科学合理地结合虚拟技术与运动教学，可以提高体育教学的实施效果。

2.体育教学情景模拟

体育教学情景模拟是一项通过虚拟技术为学生提供安全、生动的运动场景的创新教育方法。在传统的体育课程中，教师通常以讲授为主，学生被动接受，容易导致学习效果不佳，课堂乏味。引入虚拟技术改变了这一状况，使得体育教学呈现出多元化的特征，教师可以更灵活地选择教学方法，根据学生的实际情况进行个性化的教学。

虚拟现实技术的应用使得运动练习更加具体、生动。通过虚拟现实技术融入运动练习中，学生可以观察运动的细节和变化，使得练习内容更为细致。以排球为例，教师可以介绍基本运动技能并提供基础的运动构架，然后利用人工智能或虚拟现实设备进行相应的基本运动训练。这不仅巩固了学生已掌握的基础知识，还帮助他们掌握正确的击球动作，并通过反复锻炼形成肌肉记忆。

3.远程完成体育教学

远程完成体育教学是一种借助虚拟技术的全新教学方法，其在高校教育和体育训练领域的应用正逐步深入。虚拟技术的有机结合涵盖了计算机和互联网，其迅速发展推动了教育领域的创新。本书将探讨远程体育教学的优势，主要集中在节省教学时间、满足学生好奇心、激发兴趣、提高教学效果、消除时间和空间限制以及促进师生之间的交流与互动等方面。

（1）运用虚拟技术进行体育教学可以有效地节省教学时间。通过虚拟现实技术，体育教师可以在任何时间、任何地点发现教学中的微妙变化，并将自己的全部精力投入教学之中。这种灵活性不仅提高了教学效率，还使得体育教学更具适应性，满足了学生多样化的学习需求。

（2）虚拟技术在体育教学中的应用满足了学生的好奇心，激发了他们的兴趣。通过生动的虚拟体验，学生可以更深入地了解体育知识，增强对课程的兴趣。

（3）远程体育教学消除了时间和空间的限制，使得学习更加便捷灵活。体育教师可以通过互联网实现远距离教学，从而摆脱传统教学中的地理位置限制。

（4）远程体育教学也为师生之间的交流与互动提供了更多机会。通过在线平台，学生可以与体育教师进行实时互动，提出问题、分享观点，增强师生之间的沟通。这不仅有助于解决学生在学习中的疑惑，还能够建立更紧密的师生关系，从而提升教学效果。

4.体育学术交流的开展

体育学术交流的开展是体育教育领域中至关重要的一环。过去，体育学术讨论主要通过会议和查阅期刊等传统方式进行，要求体育教师和相关学者在特定的时间和地点参与学术活动。

随着科技的不断进步，虚拟现实技术的应用为体育学术交流提供了全新的可能性。虚拟现实技术的应用使学者能够更加灵活地参与学术交流，无需受制于时间和地点。通过虚拟平台，体育教育从业者和研究人员可以方便地分享经验、观点和研究成果，极大地提高了交流的效率。

此外，虚拟现实技术的另一重要优势在于其能够实现体育信息的共享。通过利用虚拟现实技术，可以呈现丰富的图片、文字等信息，从而更直观地传达体育教育从业者的思维和理念。通过虚拟的3D空间和立体图像，研究人员可以深入分析运动员在运动中所学到的动作，使得体育学术交流更加生动和具体。

最为重要的是，虚拟现实技术为体育学术交流提供了一个突破传统界限的平台。不论是专业的体育教师、业余爱好者，还是学生，都能够通过虚拟现实的方式参与学术交流。这样的开放性和包容性使得更多的人能够共同参与讨论，集思广益，从而推动体育教育的发展。

虚拟现实技术的应用为体育学术交流带来了革命性的变革。通过节约时间、实现信息共享和突破传统交流方式的限制，虚拟现实技术为体育教育领域搭建了更为高效、直观和开放的学术交流平台，为未来的体育教育发展奠定了坚实的基础。

第三章 智慧体育教学的环境优化

第一节 体育教学环境及其设计原则

一、体育教学环境的特性

人受不同的环境影响产生不同的行为特征。环境可分为社会环境和自然环境,其改变可对个体乃至社会造成极为重要的影响。在体育教学活动中,外在环境同样可以作为评价教学质量的指标,影响体育教学活动的顺利开展和学生的身心健康培养。具体来讲,教学环境是一个由多种因素构成的复杂系统,对于促进教育计划的制定、教学活动的展开以及教学结果的评价具有重要作用。教学环境联系着学科的形成和发展。作为教学环境中的一种,体育教学的环境能够对学生产生潜移默化的影响,良好的环境是学生有效学习的重要前提。体育教学环境因其多样性、复杂性的特点,其实施需要综合考虑实际情况和客观条件。

与其他学科不同,体育学科的上课场所具有多变性。对于体育教学活动来讲,教学的场所大多在室外,需要具备一定的体育教学器材,并且要求学生积极参加到活动中去。体育教学环境具体可以分为人文环境、物质环境。对于人文环境来讲,体育教师需要充分考虑学生的实际情况开展教学活动,充分提高学生参与的主动性和积极性,并且给予人文关怀,合理安排教学时间、教学内容;对于物质环境来讲,体育教师应为学生营造良好的体育学习场所,并且为学生提供比较完善的体育教学设备和器械,促进学生身心健康发展。

体育教学环境是体育教学活动的实施基础。从体育教学实践活动可以看出，体育教学环境相较于其他学科开展的教学活动，具有更加复杂、明显且直接的影响。营造良好的体育教学环境是师生开展、参与教学活动的基础。体育教学环境的重要性常被人忽略。实际上，体育教学环境在体育教学活动进程中起着维持、推进作用，这主要是由体育教学环境的复杂性、动态性决定的。

二、体育教学环境的设计原则

（一）整体化与协调化原则

体育教学环境会直接影响最终的体育教学效果，如果教学环境设计不同，那么学生学习的积极性也会不同，体育教学环境设计过程中涉及很多因素，所以，在设计体育教学环境的时候要从整体出发，注重不同因素之间的协调，也就是要按照整体化原则以及协调化原则进行设计。教学环境设计的主体是学校和教师，因此要求学校和教师认真分析、综合规划，将不同的影响因素充分考虑到设计过程当中，保证不同的因素可以协调发挥作用，最终设计出优秀的体育教学环境。

综合考虑教学环境设计的影响因素，需要学校以及教师观察学生的学习和生活。教师应该注意师生之间的和谐关系的构建，应该注意班级教室的构造安排、班级风气的打造等。这些都是环境设计需要考虑的因素，另外环境设计还要参考教育目标、美学目标。

（二）教育化原则

设计教学环境主要的目的是让学生有更好的学习环境，间接促进教学质量和教学效果的提升。因此，环境设计一定要体现出教育化原则。学校是学生学习的重要场所，教学环境设计过程中也主要把学校当作是设计对象，教学设计应该针对有限的学校教学环境进行科学规划，要综合地利用校园空间，让学生能够感受浓厚的学习氛围。与此同时，好的教学环境设计能够潜移默化地影响学生，有利于构建更好的学习氛围、校园环境，有利于激发学生学习的主动性和积极性。

（三）自然化原则

教学是针对学生开展的，所以，在进行环境设计时要综合考虑学生的心理活动以及学生的个性化特点，在当今的学习中，学生和自然环境的距离越来越大，学生是从书本上了解自然环境的，为了让学生和大自然更亲近，在教学环境设计过程中应该加入更多和自然景观有关的因素，以利于学生身心健康发展，可以让学生更好地释放学习压力，也可以让学生始终在相对轻松的环境中进行学习。

（四）人性化原则

教学环境设计的最终目的是创造一个有利于学生学习的环境，以提高学生的学习效果。在这一过程中，关注学生的需求、考虑学生的想法，体现人性化原则成为至关重要的一环。

（五）社区化原则

学生生活在校园中，校园存在于社区中，因此社区环境会影响学校环境的发展。当下提倡学校教育和社区教育之间的联合，非常注重学校社区环境的一体化发展，学校在进行教学环境设计和设置教学设施时要考虑周围的社区环境，考虑社区居民的要求，社区环境也应该在设计时考虑学校的需求，二者通过联合的方式促进彼此的共同发展。

第二节 学校体育教学环境的优化

一、学校体育自然环境的优化

（一）自然环境的影响

自然环境包含很多因素，比如空气、阳光、水等，这些自然因素都会影响体育活动的开展。例如,如果空气当中包含了很多灰尘,那么就可能会刺激人的鼻子、咽喉、眼睛,使人感觉身体不适。除此之外,如果人在保持安静状态下每小时会产生二十多升的二氧化碳;如果人处于运动状态,二氧化碳的产生量就会增加。

基于以上原因,教师应该保持教室空气的正常流通。如果运动场所是相对封闭的,那么学生在运动过程中就可能会感觉到非常的疲劳,很难在体育运动当中坚持过长时间,这会导致学生对体育活动失去兴趣,不利于体育教学活动的开展。

学生在参与体育教学活动的时候会因为气压或者气温的变化而发生心理状态、生理状态的变化。通常情况下,体育教师会在上午10点后开展体育教学。如果学生参与教学运动时气温比较高,紫外线比较强,那么学生就会感觉心跳和呼吸加快,而且会口干舌燥,没有办法将注意力集中在学习上。如果学生在参与教学运动时,气温很低,那么学生就会穿厚重的衣服参与运动,从而影响体育活动的效果,而且在气温比较低的情况下,肢体关节会变得僵硬,关节很难展现出更好的弹性或者更好的延展性,这会使学生身体容易受伤。

除了气温会影响运动之外,气压也会影响运动,气压比较高,心脏承受的压力就比较大,体育活动的开展效率就会降低。如果沙尘比较大、风比较大,则容易导致咳嗽或者咽喉痛。

(二)自然环境的优化

一般情况下,地理位置不同,自然环境也会不同。学校可以积极利用自然环境的优势,为学生提供更好的教学环境。学校在对自然环境进行分析和考量的时候,可以找寻自然环境的优势。例如,北方地区在冬季的时候有很大的降雪量,可以更多地开展与冰雪有关的运动;山区学校周围的场地是非常多样化的,可以为学生开设更多的越野活动或者登山活动;海边城市可以为学生开设更多的水上运动项目。

要想为学生提供更好的体育教学环境,学校需要致力于构建室内体育场馆,减小环境对体育教学活动的影响。

体育教学过程中可以选择的教学方法或者教学内容是很多的,教师可以根据自然环境灵活地为学生选择适合的运动方式,教师选择具体运动的时候要避免在极限环境中进行,要注意自然环境对体育教学的影响。

二、学校体育场地的优化

体育教学活动的开展离不开体育教学设施,体育教学环境的设计也需要考虑教学设施。教学设施包括教师使用的运动器材、活动开展的场地等,这些设施会直接影响教学活动,并且影响教学效果。体育场馆内部的灯光设计、颜色设计、设置安排会影响学生的感官,也会影响教学效果。

(一)合理布置场地设施

合理配置教学设施可以让学生的身体以及心理健康发展,也可以提高教学效果,还能让学生对体育运动产生兴趣。例如,在进行体育活动的时候,学生会看到体育场地的各种器材,如果体育场地的环境非常整洁、干净,那么学生会有兴趣加入体育活动。如果场地脏乱,设施老旧,那么学生可能就会失去参与体育活动的兴趣。

除此之外,在体育器材投入使用之后会老化或者产生一定的磨损,有些体育器材可能出现螺丝松动。所以,需要注重运动器材的维护,要经常检查运动场地是否有安全隐患。只有教师做到了日常检查、日常维护,学生参与体育活动的安全才有保障。

(二)完善场地设施的其他条件

学校除了提供更加优质的场地条件之外,还要考虑场地中的采光设置、照明设置以及声音设置。室内场馆的照明设计、采光设计或者声音设计都会影响教学活动的效果，如果场馆内部光线比较暗，那么学生很难看到教师写在黑板上的体育知识，就会直接影响学生知识的吸收和理解，进而影响体育学习的效果。如果场馆内部的光线非常强烈，那么就可能导致反光现象的出现，影响学生视力，最终也会影响教学效果。

除此之外，应该为学生提供安静的学习环境，避免噪声的影响，这样学生才能集中注意力。如果学生的注意力没有办法集中，那么学生就容易产生运动疲劳，而且情绪波动也会更大，难以稳定地开展体育活动。

（三）搭建体育场地色调环境

色调也会对教学结果产生一定的影响。一般情况下，色彩会影响学生的心理，如果色彩是红色的或者深黄色的，学生容易处于兴奋状态，如果是绿色或者蓝色的，学生会处于比较放松的状态。相比之下，暖色调更容易激发学生的兴趣。例如，在双杠运动中学生更喜欢红色的双杠，而不喜欢原木色的双杠。

第三节 智慧体育场馆的构建与转型

一、智慧体育场馆的配置

体育场馆智能化系统一般配置智能化监控系统、通信网络系统、场馆专用系统、应用信息系统、办公自动化系统、机房和系统集成。

第一，智能化监控系统。智能化监控系统采用分布式或集散式结构，对场馆内各类机电设备的运行状况、安全状况、能源使用状况等实行自动监测、控制与综合管理，调节场馆内的温度、湿度、风速等指标，监控火灾等因素，保证体育比赛和其他活动的正常进行。同时，为场馆的经济运行和日常管理提供技术手段，达到场馆运营服务管理的要求。智能化监控系统包括建筑设备监控系统、火灾自动报警及消防联动控制系统、安全防范系统、建筑设备集成管理系统。

第二,通信网络系统。通信网络系统通过为场馆内外信息的传输提供网络平台,以支持语音、数据、图像、控制信号和多媒体信息的接收、存贮、处理、交换、传送、播放,从而满足体育比赛和场馆管理中对各种信息的通信和广播的要求。通信网络系统包括综合布线系统、语音通信系统、计算机网络系统、有线电视系统、公共广播系统、电子会议系统。

第三,场馆专用系统。场馆专用系统区别于普通建筑的智能化系统,是体育场馆所特有的,为满足举行比赛、观看比赛、报道和转播比赛所必需的智能化系统。场馆专用系统包括屏幕显示及控制系统、扩声及控制系统、场地照明及控制系统、计时记分及现场成绩处理系统、现场影像采集及回放系统、售验票系统、电视转播和现场评论系统、主计时时钟系统、升旗控制系统、比赛中央系统。

第四,应用信息系统。应用信息系统通过为体育赛事组织、场馆经营和运营服务管理业务提供应用服务数据库、信息集成平台和信息门户,提高信息的时效性,实现管理自动化,为管理者提供辅助决策支持,达到提高效率、节约资源和提高经济效益的目的。应用信息系统包括信息查询和发布系统、赛事综合管理系统、大型活动安全保障及应急指挥系统、场馆运营服务管理系统。

第五,办公自动化系统。办公自动化系统是应用电子计算机技术、通信技术、系统科学和行为科学等先进技术,使人们的办公业务借助于各种办公设备,并由这些办公设备与办公人员构成服务于某种办公目的的人机信息技术。应用这些技术,还可以完成各类经营性质的管理。

第六,机房。机房包括设备监控机房、消防监控机房、安防监控机房、赛事指挥中心、综合布线系统设备间、语音通信系统机房、信息网络系统机房、有线电视系统机房、公共广播系统机房、会议控制室、屏幕显示系统机房、扩声控制机房、场地灯光控制机房、比赛中央监控系统机房、计时计分及现场成绩处理系统机房、电视转播系统机房。

第七，系统集成。系统集成是将体育场馆智能建筑内不同功能的子系统通过系统集成的方式，在物理上和逻辑上连接在一起，以实现综合信息、资源共享和整体任务的完成。系统集成应能汇集体育场馆内各种有用的重要信息，把分散的各子系统的智能综合为整体的智能，通过同一个计算机平台，运用统一的人机界面环境，提高体育场馆的智能化程度并有效地提升综合协调和管理能力。体育场馆智能化系统的核心是系统集成。

二、智慧体育场馆的构建原则

学校智慧体育场馆的构建是一个复杂而重要的任务，需要综合考虑多个方面，以确保最大程度满足学校体育教学和学生体育活动的需求。以下是构建学校智慧体育场馆的一些建议原则：

第一，综合规划与设计。在构建学校智慧体育场馆时，首先要进行综合规划与设计，考虑学校整体的发展规划和体育教学的需求。确保场馆布局科学合理，能够容纳不同类型的体育活动，同时具备足够的观众席位。

第二，智能化设施融合。引入现代智能技术，将体育场馆打造成智慧化的学习和运动环境。包括智能照明系统、可调节座椅、智能监控系统等，以提高场馆的效能和安全性。

第三，灵活多功能性。设计体育场馆时应注重多功能性，使其适用不同类型的体育活动和课程。可采用可调节的场地设施，例如可移动看台和可变形的场地标线，以满足不同体育项目的要求。

第四，环保与可持续性。在建设学校智慧体育场馆时，应考虑环保与可持续性因素。选择环保材料，采用节能技术，并结合自然采光与通风系统，以降低能源消耗，减少对环境的影响。

第五，无障碍设计。采用无障碍设计标准，例如易于进出的坡道、无障碍卫生间等，以确保所有学生能够参与体育活动。

第六,安全性考虑。安全性是建设体育场馆时的首要考虑因素。确保场馆设施符合相关的安全标准,采用紧急疏散通道、防护设施等,以应对紧急情况。

第七,技术培训与支持。确保学校工作人员和教师接受必要的技术培训,以充分利用智慧体育场馆的各项设施。配备技术支持团队,确保设备的正常运行和维护。

第八,社区共享。考虑将学校智慧体育场馆打造成社区资源中心,为当地社区提供体育和休闲服务。通过合理的管理和使用安排,最大程度地满足社区的需求,提升场馆的社会效益。

学校智慧体育场馆的构建需要全面考虑各个方面,以创造一个安全、智能、环保、多功能的体育学习和活动空间,为学生提供更好的体育教学和运动体验。

三、智慧体育场馆的转型策略

(一)强化思想认知,满足智慧化需求

1.合理规划与设计,提升智慧化认知

体育场馆智慧化建设是指将信息技术、物联网技术和人工智能技术应用于体育场馆,从而实现智能化运营和管理。学校应强化对智慧化思想观念的认识,根据学校和学生的实际情况,充分考虑体育馆的功能需求,进行合理规划与设计,注重信息技术的应用和智慧化建设的实现。遵循适度发展原则,在满足学校、场馆、资金、学生需求的情况下,不要求过度发展,也不要求引入不适合实际需求的智慧化设施或智慧化功能。同时,还要加大对场馆的宣传力度,提高师生对智慧化体育的认知和了解,激发师生的参与度。同时,学校还可以将体育馆智慧化建设作为校园文化建设的重要内容,开展各种主题活动和比赛,进一步推广和宣传智慧化建设的理念和成果。

学校在进行体育场馆智慧化建设时,应当充分认识智慧化建设的必要

性，做到在合理规划和设计的基础上进行科学选材和配置，加强管理和运维，推广和示范，推动体育馆智慧化建设的进程，提高师生参加体育活动的体验感和参与度，为学校文化建设作出更多的贡献。

2. 制定发展目标，切实提升大众满意度

学校在体育场馆智慧化建设时可以根据自身情况制定目标，增加体育健身指导、体育活动组织、应急避险与场馆人员健康管理等多种功能，切实提高师生的满意程度。让师生在参与运动的过程中，可以进一步了解体育场馆智慧化建设的优势和意义，促进体育场馆智慧化建设的普及和发展。

应根据学校自身情况选择发展目标，同时注意使用方法和注意事项，以确保智慧化发展过程的正常运行和稳定性。在政策、资金、需求都满足的时候选取高目标发展，配备智慧化硬件、软件，满足师生需求的基础上，追求更为先进的智慧化理念、设施；在政策、需求满足的情况下选取中目标发展，遵循适度发展原则；在只有大众需求高，另外两项不满足的情况下，可以循序渐进，从师生中得到反馈，优先发展需求度最高的智慧化设施或功能，针对学生群体可以优先发展智慧化学习，针对学校管理者可以优先发展智慧化管理、智慧化办赛。

总之，提高对体育馆智慧化建设的认识和师生满意度，需要学校真正了解智慧化应用内容，积极推动智慧化建设，丰富智慧化功能，关注智慧化建设的新技术和新应用的同时做到关注师生需求，从实际出发提高体育场馆智慧化水平。

（二）健全资金筹措，加大智慧化资金投入

随着数字化和智能化的发展，将智慧化与体育场馆相结合已成为一种潮流趋势。然而，在推进智慧化体育馆建设的过程中，资金始终是重点问题。无论是在基础的硬件设施上还是在信息服务平台等软件设施方面都需要大量的资金给予支持，如果想要实现高质量的智慧化体育场馆建设，在其

萌芽阶段可以积极地探索多种融资渠道,引入灵活的融资方式,可以在政府支持下,建立多样化的发展方向和方式,设立相应的建设激励政策,并提出适合学校的运营模式,为体育场馆智慧化建设提供充足的资金保障。

首先,学校可以考虑引入社会资本。社会资本作为一种灵活的融资方式,可以有效地解决体育场馆建设资金不足的问题。社会资本可以通过投资、股权、技术以及管理等多种渠道来支持体育场馆建设。同时,在做好数据和信息安全的前提下,学校也可以通过与企业建立战略合作关系,采用校企合作的方式共同开发智慧化体育场馆软件设施,实现学校与企业的共同发展。

其次,学校可以考虑引入政府资金和补贴。政府资金和补贴是学校进行体育场馆智慧化软件设施建设的重要来源。政府支持可以通过专项资金、科研经费和政策扶持等方式进行,采取政府购买服务、以奖代补等方式落实财政扶持。通过与政府的合作,学校可以得到更多的资金支持,推动智慧化体育场馆的建设,减轻学校的资金压力。

总之,体育场馆智慧化建设需要引入灵活的融资方式,满足资金的需求。社会资本、政府资金和补贴等都是可行的选择。学校可以结合自身实际情况,选择适合的融资方式,推动智慧化体育场馆的建设。同时,对于未来的发展,学校也需要注重长远规划,积极寻找合适的合作伙伴,实现共同发展。

(三)升级改造软硬件设备,丰富场馆功能

目前学校的体育场馆智慧化硬件设施普及率较低,多数学校存在老校区沿用老设备的情况,因此对于有条件的学校,完全可以升级改造原有的硬件设备,根据自身特点对体育场馆进行智慧化改革。将智慧化硬件设施融入智慧场馆内,例如配备智能安全设备,其中包括人脸识别系统和智能摄像头,确保在人流较大时进出人员的安全监控,安装温、光控电子设备,实时调

整场馆内运动环境,带给用户新鲜体验。体育场馆的智慧化发展在未来有很大的上升周期,学校管理者做到关注其发展,有目标、有规划地进行推进,同时要做到与时俱进,结合自身特点和自身情况发展智慧化硬件设施。

传统的体育场馆租用方式并不能让锻炼者直观地了解目前场地的使用情况,不能进行合理的时间规划。因此要引进智慧化体育“软件”设备,以提供更加多样化的服务。信息化平台的建立是整个智慧化体育场馆的基本框架,可以做到把各个功能进行整合,提高场馆的使用率和场馆的服务水平,也能拓展体育赛事的线上宣传、报名功能。这里的软件设备不仅是信息平台,还包括网络设备、信息采集设备、安全保障设备等。

(四)强化育人目标,实现智慧化建设与教学训练结合

通过体育场馆智慧化管理平台的建立和智慧运动设备的佩戴,使教师、学生与场地器材之间实现高效的互联互通,让学校公共体育课教学实现智能化,促进了智慧体育课堂的教学改革。可实现智能排课、场地智能分配、在线选课、在线签到、运动数据查看、考勤在线核查、成绩在线公布等多种功能,打破传统的体育授课模式,形成智慧体育课堂,实现真正意义上的体育教学改革。

通过智能设备的应用,学生通过线上平台可以观测自己身体情况和运动成绩的数据变化。同时,智慧体育场馆管理平台可以连接相关的体育App,学生可通过App查阅最新的体育资讯和学习资料,丰富课堂教学内容。课后学生可与其他同学的成绩进行比较,通过这种良性的竞争来激发学生的运动动力,有效促进学生的学习积极性。其次,教师可以通过线上平台,与学生进行沟通、交流,并根据学生课堂运动数据的采集和分析,更好设计课堂的教学内容,从而不断提高教学质量,实现教学目标。

结合当前体育场馆智慧化建设,在教育工作中对学校教师提出了新的要求。

第一,教师应摆正定位,更加积极主动地发挥自身作用,强化教师在智慧化建设中的主导作用。智慧化体育场馆是为师生双方提供智慧服务的系统工程,其重点的环节仍然是师生在教学实践中的应用,检验其成效也需要通过具体的教学活动来进行。因此在整个过程中,仍然要发挥教师在智慧教学中的主导地位,这就对学校教师的教学能力提出了新的要求。

第二,为了适应新的不断发展和变化的环境,教师应自觉学习信息化技术,主动创新教学模式,提高教学实践能力。智慧化建设为教学环境所带来的变化,不断督促和引导着教学模式的改变,传统的面对面授课模式已不能满足当前的环境要求,基于智能技术的信息化教学模式应运而生。这一新模式以多种形式呈现,包括线上教学、翻转课堂等,要求教师在具体的教学活动中,了解和掌握新兴的教学方式,结合各种新型的教学工具,利用好信息化技术平台,从而能够积极搭建智慧型课堂,强化学生智慧学习观念。

另外,学校应把握机遇,因为在教育改革的背景之下,不仅对体育场馆,而且对所有教育系统的智慧化建设过程而言,这都将是一项长期而复杂的浩大工程。因此,在具体的体育场馆智慧化建设过程中,会出现来自各个方面的未知挑战。为了积极主动应对挑战,将挑战转化为机遇,体现为育人实绩,学校更应清醒地认识现代化信息技术在其中发挥的重要作用,提高站位,给予足够重视。从管理层面因时因地因校制宜,对体育场馆化智慧建设提出合理的育人目标,同时进行科学规划,以增强学生综合素质、提升校园文化软实力、培养人才为目的,推动智慧化建设落实落细。

建立健全技术支持,在信息技术如此普及的时代背景下,技术的发展对智慧化建设固然重要,但是学校若想结合育人目标将其应用在教育教学实际中,需要建立一套自上而下、由内及外的完善的智慧系统。通过完善的平台搭建、成熟的技术支持以及有序的分工运营,改变学校智慧化建设与教学实践相背离的情况,逐渐实现智慧化建设与日常教学、运动相结合。

（五）健全对外开放体系，提升智慧化体育场馆利用率

学校可以根据地理位置，整合各地的学校资源，建立各学校的开放管理模式和资源共享平台。应做到加强场馆管理，在能够适应开放后管理难度的基础上，可以利用互联网等各种渠道进行宣传，建立良好的社会形象，吸引更多的体育消费者，让平常没有运动健身习惯的人运动起来，也能达到提升学校智慧化体育场馆利用率的目的。通过互联网与多媒体把社会教育和体育有效整合起来，做到体育场馆社会功能最大化。并且多学校之间可以资源信息共享，互帮互助，加快体育场馆智慧化发展。

学校与学校之间共享，社会与学校之间共享，不仅可以使场馆为更多的人服务，而且能够逐步树立体育场馆的良好形象，回馈社会。学校之间开放的同时相互建立合作机制，让体育场馆的消费者数据互通，这样消费者还可以在合作学校进行体育锻炼，这样消费者就可以根据自己的位置以及时间安排来选择运动地点。

只有完备的制度规范和安全保障促进学校的对外开放，才能使群众切身感受场馆智慧化建设带来的诸多新体验。体育场馆的对外开放应当建立健全的开放体系，并且需要完善体育场馆对外开放的法律法规，明确政府与学校分工，制定详细的开放计划、人身+信息的安全细则。政府应该制定详细的制度，逐渐贯彻体育场馆的开放理念，探索合适的体育场馆开放手段。

在体育场馆信息化平台建设的同时，安全问题不仅是针对人身、财产的保护，还有个人信息安全的保护。在体育场馆会员制逐步发展的背景下，要把个人安全和人身财产安全放在等同位置看待。

第四章 智慧体育教学的资源与模式

第一节 微课

微课是指运用信息技术按照认知规律，呈现碎片化学习内容、过程及扩展素材的结构化数字资源。

一、微课在体育教学中的实现条件

微课在体育教学中的实现条件是一项关键而复杂的任务，其中涉及学生的自学能力、教育教学理念的更新以及现代信息技术的应用。

首先，微课的应用需要学生具备优秀的自学能力。在传统的体育教学模式中，教师通常扮演主导角色，直接指导学生的学习过程。微课的出现，更强调学生的主动性和自主学习能力。学生需要具备对于学习内容的主动探究和理解能力，能够在独立学习的过程中获取知识和技能。因此，培养学生的自学能力成为应用微课的首要条件。

其次，微课的应用需要有先进的教育教学理念。传统的教学往往以教师为中心，注重知识的传授和技能的培训。而微课教学更强调学生的参与和互动，注重激发学生的兴趣和学科思维。教育教学理念的更新涉及教师的教育观念和教学方法的变革，需要有一支富有创新精神和开放思维的教师队伍，以适应微课的需求。

最后，微课的实现需要有成熟的现代信息技术支持。微课借助于多媒体、互联网等现代信息技术，为学生提供更为生动和多样化的学习资源。教育机构需要投入大量的资金和人力资源，建设高质量的网络平台和教学资源库，以支持微课的应用。同时，教师需要熟练掌握相关的教育技术，能够灵活运用多媒体和网络工具，提升微课的教学效果。

二、体育微课的构建

（一）体育微课的设计流程与要求

1.体育微课的设计流程

在设计微课的时候，需要对学生进行细致的分析，在仔细斟酌的基础上选择微课的内容，充分考虑学生的实际学习需求，对课堂的主题进行细化处理，根据需求合理地选择各种教学媒体和软件。设计好微课之后，可以在网络或者课堂上试用，根据试用的效果对微课进行优化调整，从而使其更加符合实际的教学需求。

（1）明确微课设计学习目标。每一门课程都有其具体的教学目标，体育教学自然也不例外。体育微课的设计要根据教学目标对重难点进行合理设计。在此基础上，紧紧围绕教学目标对具体的教学过程进行设计。需要注意的是，学习目标的设定应当在充分考虑学生的实际情况上进行，这样才能使目标更加具有针对性。

（2）学生分析。如学生学习方面有何特点、学习方法怎样、习惯怎样、兴趣如何、成绩如何等，将学生的各种情况充分考虑在内，尽量使微课的设计具体到每一个细小的环节，以满足学生的多元化需求。

（3）学习内容分析。对知识之间的关系进行细致的梳理，可以在教学内容之后设计一些具体的练习，以便于及时把握学生的学习情况，从而获知学生学习中的难点。在体育微课学习中，知识点是相对完整的学习内容，也是课程目标之下最小的知识单元，某一个概念或者动作要点都属于一个相对独立、完整的知识点。

（4）选择教学策略。在进行体育微课设计时，要重视学生的主体地位，根据具体的学习内容及学生的实际需求选择适当的教学策略。这对于学生更好地掌握学习内容至关重要。

(5)课程资源开发。微课具有非常强的开放性与互动性,其资源也不局限于传统的教材与课本,而是多元化的,因此,对微课资源进行开发时,要充分利用互联网的优势,注重资源的多元化。

(6)学习活动设计。微课的时间虽然比较有限,但是其内容是完整的,因此微课也包括多个环节。教师在进行教学活动设计时要以学生的实际学习情况为前提,设计学生感兴趣的活动,不断提升学生学习的兴趣。

(7)评价设计。教学评价的设计主要是了解微课最终所实现的学习目标是否同预期的一致。在进行评价设计时,要注意评价的多样性与全面性。

(8)微课在学习活动中实施与评价反馈。微课在具体实施过程中的开展情况以及最终所实现的效果,都能够为微课的进一步调整与完善提供有效的依据。

2.体育微课的设计要求

在体育教学中应用微课教学资源,应当首先对其目标进行明确的定位,并综合考虑多方面的因素,才能使微课发挥作用。在对体育微课进行设计时,应该遵循定向性原则,将体育学科的内涵作为中心,紧紧围绕体育课程的培养目标开展各项工作,重视教学内容的设置,尊重学生的主体地位,使体育微课真正适合学生的需求,发挥其应有的价值。

课程的设计往往需要根据学科的教学大纲与教学计划来进行,体育微课作为一种微缩版的课程形式,其设计自然也不例外。微课具有非常强的开放性,并且具备良好的开发潜能,能够使学生在学习中获得更多的自主权,因此微课对于体育教学具有非常重要的意义。

(1)在对体育微课进行设计的时候,要将微课与课堂教学紧密结合在一起。通常来说,体育课中都会有体育常规,微课也应当重视与体育常规的结合。微课是一种针对性较强的课程形式,其中的教学内容涉及重点、难点或者是个别知识点的讲解,与体育教学结合在一起,两者相辅相成,互为补充。微课的设计应当充分与学校的体育办学特色结合在一起,打造具有特色的体育微课。体育微课的设计应当尊重学生的主体地位，重视对学生学习体育的兴趣培养，向学生展现丰富的学习内容，从而不断提升体育教学的效果。

(2)体育微课的设计必须以体育学科的定位为指引，要对各种因素进行充分考虑，如学校对于体育课的标准定位、学校对于学生的培养目标等，否则，会导致体育微课失去其本身的价值。

(3)在对体育微课进行设计的时候，应当重视体育知识的筛选，将知识点的数量控制在合理的范围之内。体育微课的设计也应当将满足实际的教学需求作为根本出发点。体育微课重在对体育教学中的重点、难点进行讲解，具有很强的针对性。但是，并不是说，在微课中可以随意设置教学内容，而是要在教学内容保持完整与系统的前提下进行开展微课设计活动。

(4)体育微课的设计不应对一些现成的教学案例进行照搬，而是要重视微课内容的创新性，并且在微课中充分体现出体育教学重视学生身体锻炼的教学理念，使学生将体育知识的学习与体育锻炼充分结合在一起，最大限度地发挥体育微课的价值。

（二）体育微课设计的分类

体育教学具有其自身的特点，根据这一特点可以将体育微课划分为体育理论微课和体育实践微课两种类型。

1.体育理论微课设计

体育课程的教学是紧紧围绕教学内容展开的，教学活动既包括教师的教，也包括学生的学，是教与学有机统一的双向活动。在体育理论教学中，有三个对象的参与，即教师、学生与媒介，教师采用适当的教学方法，辅之以必要的教学媒介，使学生掌握体育理论知识，培养学生良好的体育学习能力与高尚的情操。体育理论的教学既要重视教师的教，也要重视学生的学，教师所开展的教学活动要有一定的目的性与计划性，并重视学生学习活动的反馈。体育理论微课设计要跟随时代的步伐，不断创新教学内容与教学形式，以满足学生日益增长的学习需求。

2.体育实践微课设计

由于体育教学有其自身的特点，这就决定了这门课程的教学要将体育实践课的教学作为主体部分，而且教学活动也大多是在室外开展的。在体育实践课教学中，教师作出各种动作，学生进行观察，并模仿学习。这一教学过程中，只有教师具备比较高的教学水平与示范水平，才能将各种动作教给学生，并使学生掌握动作的要领。但是，每一位体育教师都有自己所擅长的一面，也必然有不擅长的一面，很多教师在课堂上通常是将自己擅长的动作教给学生，学生对于其他的动作则知之甚少，这就导致体育教学存在着一定的局限性，长此以往，也会对学生的全面发展产生不良的影响。将微课应用于体育实践教学，可以有效地解决这一问题，教师在微课中将各种动作全方位地呈现给学生，这种方式不仅可以激发学生的学习兴趣，而且能够不断推动体育实践课教学质量的提升。

第二节 慕课

一、慕课的界定

慕课（Massive Open Online Courses，MOOC）即大规模开放在线课程，是“互联网+教育”的产物，我们可以根据这四个单词的组合意义来理解慕课的内涵。

大规模（Massive）在慕课中主要强调的是在这一平台上注册学习的人数很多，同时也强调了注册人数不受限制。

开放（Open）在慕课中主要强调的是这一平台没有针对性，它面对的是全世界任何一个想要学习的人，同时提出慕课这一平台对学生没有任何要求，只要想学习就可以在平台上注册学习。

在线（Online）在慕课中主要强调的是利用计算机网络进行学习的一种

方式，强调这一平台的网络性和在线性，强调学生可以根据自己的时间来灵活安排学习。

课程(Course)在慕课中主要强调的是一种课程学习资源，慕课整合多种社交网络工具和多种形式的数字化资源，形成多元化的学习工具和丰富的课程资源。

二、体育教学中慕课的运用要点

（一）转变体育教学模式

第一，由单一办学主体向国际化联盟式办学主体转变。传统学校办学模式比较单一，绝大多数都是单一办学主体进行办学。随着慕课在学校教育教学中的应用，学校办学模式也逐渐向多个学校联盟办学的模式转变。

慕课是信息化时代发展的产物，它突破了传统模式的束缚。慕课平台并不是单一学校独自开发的结果，而是多个学校联合共同开发和建设的结果。可见，传统的单一办学模式并不能适应当今信息化时代的发展，如果学校不及时转变办学观念，就会被时代所淘汰，也不利于国际化人才的培养。因此，学校应该意识到慕课平台建设需要国际化视野，并在具体实践中，充分吸收世界各国的优秀办学经验，改变单一的办学模式，将办学视野扩大到国际范围，从而实现国际化联盟式办学模式。

第二，由个体学习模式向团队学习与个性学习相结合模式转变。在传统体育教学中，学生的学习模式是被动的、单一化的，不利于学生团队学习，也不利于学生个性化发展。要想改变传统的学习模式，学校应该将慕课应用于教学中，充分发挥慕课的优势，创新教学方法和策略，开发丰富的学习资源，激发学生学习的主动性和积极性。

（二）加大慕课宣传力度

慕课宣传的方法主要有利用网络平台、学校平台、教师等进行宣传。除此之外，慕课平台还应该借助自我营销的方式，吸引更多的人注册慕课进行学习。加大宣传力度有利于更多的人了解慕课，使用慕课，有利于促进优质资源共享，促进教育的国际化发展，实现教育公平。

（三）制作优质特色课程

在体育慕课中，学校要注重顶尖团队的培养，从多个层面打造体育核心课程，并充分利用慕课平台实现体育资源的全球共享，从而吸引世界上更多的人进行体育特色课程和优质课程的学习。

除此之外，学校还要注重体育非核心课程建设。这是当今时代一专多能人才培养的要求。因此，学校应该充分利用慕课这一平台，将世界上优质的体育课程资源融到本校慕课平台中，这样有利于拓展学生学习的范围，激发学生学习的兴趣，提高学生的自主学习能力，从而为一专多能人才的培养奠定基础。

第三节 翻转课堂

一、翻转课堂的创新性分析

翻转课堂指的是将原来需要在课堂上完成的知识传授提前到课前，再将原来需要在课后完成的知识内化放到课堂中完成。翻转课堂在许多方面都对传统课堂教学进行了革新，作为一种全新的教学模式，翻转课堂改变了传统的教学过程，对课堂的时间进行了重新规划与分配，在传授知识的方式方法上有所创新，并且促进了教师与学生身份角色的转变。

（一）教学过程的创新性

对传统教学过程的颠覆是翻转课堂最为突出的特征。一般来说，传统教学的过程就是“教师讲授知识—学生完成作业”，这种教学过程把讲授知识的环节放在了课堂上,将内化知识的环节放在了课后,主要由学生自己完成。

翻转课堂的出现将这种教学过程彻底颠覆了,它将讲授知识的环节置于课前,将内化知识的环节置于课中,将巩固反思的环节置于课后。具体来说,翻转课堂要求教师在课前就做好相应的教学准备,按照课程目标搜索、整理或自己制作教学视频,为学生提供充足的学习资源,这样可以让学生在课前就完成基础知识的学习;课中,学生可以在课前学习的基础上提出自己的问题与困惑,教师则能够及时地予以解答指导,并且教师还可以组织学生进行小组讨论、合作学习,让学生在课堂上就完成知识的内化;课后,教师同样可以为学生提供有针对性的学习资源,帮助其补充知识,巩固记忆,鼓励学生积极进行反思。可以看出,翻转课堂将传统教学过程完全颠覆了,并且对教学过程中各个环节的功能作用进行了重新定位。

(二)教学方式的创新性

翻转课堂的一个重要特征就是对教学方式的创新,其中最具代表性的就是短小精悍的教学视频,教学视频是翻转课堂教学资源的集中体现。翻转课堂中的教学视频则在一定程度上改变了学生被动学习的局面,学生可以通过短小但内容丰富的教学视频来学习知识,并且还可以根据自己的需求暂停、回放视频,这有助于学生把握自己的学习节奏与学习进度,使学生的自主性得到充分发挥。在课前或者课后观看教学视频,会让学生更加放松,不需要过度紧绷神经,如果有不懂的地方还可以反复观看,强化记忆。

(三)课堂时间的重新分配

对课堂时间的重新分配是翻转课堂的重要特征,具体体现在对教师讲授时间的缩减以及对学生学习时间的增加上。在传统的课堂教学中,教师需要把大量的时间花费在知识的讲解上,学生只能被动地听讲。翻转课堂则改变了这一局面,它为课堂互动、师生答疑、探究讨论等教学活动留出了大量的时间，让学生能够学会交流与合作。翻转课堂将教师的讲授环节放在了课前，既保证了教学内容的充足，也有效活跃了课堂氛围，提升了课堂的互动性。这种对课堂时间的重新分配有助于加强学生对知识的内化程度。课堂互动性的提升对教师开展教学评价也有一定的帮助，教师能够通过学生的互动表现了解学生的学习状况，学生也能在教师的评价中进行反思。

（四）师生角色的转变

翻转课堂的特征之一就是师生角色的转变。在翻转课堂中，学生成了课堂的中心。学生在学习过程中遇到了问题可以向教师寻求帮助，教师主要负责为学生答疑解惑，提供及时的、具有一定针对性的指导。教师从以往的讲授者变成了学习资源的提供者，变成了学生学习过程中的引导者、帮助者。这也代表着课堂的中心不再是教师，而是学生。这种角色的转变对教师提出了更高的要求，教师除了要具备讲授技能之外，还需要具备收集整理教学资源、录制教学视频、组织教学活动的技能。

二、体育教学中翻转课堂的应用

（一）课前准备阶段

在翻转课堂的实施中，充分的课前准备是确保其成功的关键。教师需要精心设计教学内容，将基础知识和理论内容整合成适合学生自主学习的形式，例如教学视频、电子文档等。这些资源应当具备清晰的结构和通俗易懂的语言，以引导学生有序地进行学习。

教师应当明确学生需要完成的学习任务，包括阅读材料、观看视频、解决问题等，旨在激发学生的学习兴趣，培养他们独立思考和解决问题的能力。同时，教师需要提供相应的反馈机制，确保学生能够及时纠正错误和加强学习。

（二）课堂互动阶段

翻转课堂的核心在于将课堂中的时间用于更深层次的学习。在体育教学中，可以通过组织各种实践活动、小组讨论、问题解答等方式实现。教师应当在课堂上充当引导者的角色，引导学生运用课前学习的知识进行实际操作，强化学生的体育技能。

此外，课堂中还可以设置专题讨论环节，让学生分享在预习中的体会和遇到的问题，促使学生进行交流。通过这种方式，学生可以更好地理解体育理论知识，并将其应用到实践中，提高学习效果。

（三）课后巩固阶段

为了确保学生能够彻底掌握课堂中获得的知识，教师需要设计巩固性任务和作业，包括编写学习总结、完成实际项目、参与体育比赛等。通过完成这些任务和作业，学生可以将课堂所学知识进行巩固，并培养出更高的体育素养。

同时，教师应当建立有效的反馈机制，及时了解学生在巩固阶段遇到的问题，并提供个性化的指导和帮助。

总体而言，体育教学中翻转课堂的应用需要在课前准备、课堂互动和课后巩固三个阶段有机结合，以提升教学效果和学生的学习体验。通过这一教学方法，可以更好地培养学生的综合体育素养，促进他们在体育领域的全面发展。

第五章 智慧体育教学的课堂实践——球类课程

第一节 动画型微课在羽毛球教学中的应用

一、动画型微课及其制作

（一）动画、动画素材及动画技术

1.动画

随着信息技术的高速发展,动画制作也从传统手绘制作向信息化图形处理的制作模式转变。而人们常说的“动漫”一词是对动画和漫画的简称,而动画的概念并非指的是指传统意义上的动画片,而是一种综合艺术的集合,汇聚了美术、传媒、音乐、文学等众多学科门类于一身的综合艺术表现形式。通过动画与体育素材的结合,可以充分挖掘学生的体育兴趣,激发学生体育学习动机,帮助学生树立正确的体育价值观。

动画艺术已经有了较为完善的理论体系和产业体系,其夸张的造型、幽默的配音、绚烂的视觉体验以及独特的艺术魅力深受人们的喜爱,通过与体育题材的结合,能迸发出强有力的教育意义。

2.动画素材

“素材”是指实际生活中未经总结提炼的图形、文字、艺术理念等原始材料,“动画素材”则指构成动画的图片、角色设计、色彩、文本、配音等原始要素,称为“动画素材”。动画作为一门综合艺术,其画面色彩搭配、运镜技巧、配乐节奏等构成要素都会影响其整体的表现效果,如何融合设计搭配原始

素材，合理运用动画素材在动画的创作中有着举足轻重的作用。

3.动画技术

动画是艺术与技术的融合，计算机图形技术是现代动画技术的基础，也是推动动画呈现效果不断进步的助推器。在动画发展中，离不开技术的支撑，每一个新技术的诞生都会使动画的表现方式发生变化，如摄影技术的出现衍生出了定格动画形式，三维技术的出现衍生出了三维动画形式，科学信息技术的进步推动着动画制作技术的不断革新，打破了传统手绘动画烦琐的制作模式，降低了动画制作的成本和难度，提高了动画制作的效率及质量。

（二）动画的分类与特点

1.动画的分类

根据制作方式不同，动画可以分为手绘动画、二维动画、三维动画、MG动画、定格动画等。随着信息技术的进步，动画的种类也呈多样性发展。最为传统的动画类型为手绘动画，它是指动画设计师使用传统画笔在相应的专业纸张上进行动画的绘制，并将绘制好的多张动画图稿拍摄成胶片的形式，再放入电影机进行制作，赋予其动态效果而产出动画作品。随着科技的进步，传统手绘动画已逐渐被现代手绘动画所取代，现代手绘动画是采用手绘板等电子化设备进行绘制，再导入图形处理软件制作而成的动画制作方式；二维动画顾名思义是指平面的动画技术，三维动画又称3D动画，是目前最常见的动画种类，它不受时空、场地、对象的限制，运用各种表现形式把复杂、抽象的剧情内容、科学原理、抽象概念等用集中、简化、形象、生动的形式表现出来，制作精良的三维动画在感官上的真实程度高，甚至接近于现实；MG动画通常指的是动态图形，意思是“随时间流动而改变形态的图形”，简单地说“动态图形”就是会动的图形设计，是影像艺术的一种，常用于科普类内容动画制作。

2.动画的特点

(1)动画的假定性。动画是视觉原理和心理原理共同作用下的视觉幻象,是一门具有"高度假定性的艺术"。动画作品是由作者绘制而成,作者通过一定的表现手法使画面运动,观众则依靠自己的理解去配合作者。动画的准则是依照现实生活中人们的生活规律和客观现实设定,将人类共同的经验套用于动画的虚拟世界中,是建立假定性的基础原则。观众之所以常常被动画吸引,不仅是因为它们具有艺术性的特点,还与共同的生活规律和现实基础有关。

(2)动画的时间性。"动"是动画的主要特征之一,动画创造的内容是运动的,而运动需要时间来展现,动画是建立在此基础上来表现运动幻象的艺术形式,时间是展现动画必需的条件,没有时间就无法表现出其运动的特点,因此,动画时间的把控在动画制作中至关重要,不同的教学内容可以选择慢镜、分解、快进等手段进行教学,从而体现时间在动画教学中的作用。

(3)动画的艺术性。动画是一门综合的艺术表现形式,动画在制作与设计中与电影艺术拥有较多的共同点,也与音乐、美术等艺术形式有着密不可分的关系。例如动画的剧本需要运用文学写作方面的理论知识,赋予其内容剧情生动性和富有逻辑;动画的视觉效果需要借助绘画、视觉传达设计、计算机图形处理等手段进行制作与展现;动画教学中所要表现的人体运动规律则需要借助运动人体科学的学科知识,才能准确地制作出符合人体运动发力规律的优秀作品。

由此可见,一部优秀的教学动画的关键是要找到内容和形式完美契合的制作及设计方法,且不能脱离和违背现实客观规律,根据课堂教学需要,结合学生学习情况,充分运用动画艺术性、假定性的特点,设计制作出生动形象的符合学生需求的体育教学动画。

（三）动画型微课的特点

微课和动画两者是相辅相成的关系，在优秀的微课制作中少不了动画元素的运用，而在动画的分类中有一项分支称为“教学类动画”，是指具有科学性和教育意义的，能够完成特定教学任务的动画视频。微课和动画两者都拥有相同的传播媒介和平台，都能使用主流视频播放格式，在视频时长方面虽有差异但不影响其教学及展示效果。就两者的特点而言，微课的短小精悍结合动画的假定性及艺术性的特点，能使教学视频更加生动直观，使视频展现更加具有表现力及艺术性，能极大地提升学生的视觉感受，提升学生的学习兴趣。动画型微课在生物医疗教学中的应用已较为广泛，且取得了不错的教学效果。例如，人体血液流动演示动画微课、肌肉解剖演示动画微课等，由此可见，体育教学也可通过动画型微课给予学生更多感官的学习体验，从而提高教学质量，促进教学目标的达成。

（四）动画型微课的制作

动画型微课是建立在微课教学基础上的一种短视频课程，其特点在于通过融合动画素材和表现技法技术，有针对性地解决特定知识点的教学问题。这种教学方法广泛应用于各学科，被定义为动画型微课。作为电化教学手段之一，动画型微课同时也属于科教动画的范畴，体现了体育、艺术和信息化的有机结合，通过“体艺结合”的信息化教学方式，成功应用于课堂教学和多媒体远程教育中的网络课程教学资源。

随着动画型微课的日益普及，制作软件的选择也变得更加多元化。国内目前主流的绘制方式包括传统手绘和手绘板绘制等，不同软件的组合运用则可以产生不同的效果。教师在制作动画微课时可根据个人的制作水平和教学需求选择相应的软件，以确保动画微课的制作质量。

在动画型微课制作过程中，教师应始终根据课程目标和内容进行精细化操作。这意味着需要确保微课能够从学生实际需求出发，选择符合学生特点的课程动画素材元素。只有通过这样的个性化设计，才能制作出符合学生特点的系列高质量的动画微课教学资源。因此，动画型微课的成功制作不仅是技术层面的问题，更需要教师在教学理念、学科知识和学生需求等方面进行全面考虑，以提升教学效果，并实现教学目标。

二、羽毛球动画微课开发制作的要求

（一）课程教学内容的精简实用性

在羽毛球动画微课的制作过程中，必须紧密围绕动画的“假定性”和微课的“微”的特点，以确保教学内容既精简高效，又具备实用性。在追求精简的同时，不能随意删减教学内容，应遵循以下三个原则。

1.前期课程内容选择

在微课制作之初，需要在选择羽毛球专项教学内容时，着重精简基础性技术内容，使学生能够迅速理解关键概念。确保所选内容既具备全面性，又能够满足学生对羽毛球技术的快速掌握需求。

2.制作阶段的动画技术表现

在制作阶段，动画的动作技术应采用生动而标准的角色模型进行示范讲解。这既有利于提升动画微课模型的实用性和准确性，也能够激发学生的学习兴趣。通过巧妙的动画呈现，确保学生更容易理解和模仿羽毛球技术动作。

3.在线教学平台的选择

在推广阶段，应选择学生熟悉且喜欢的线上视频教学平台，如雨课堂、微信视频号等。这样的选择不仅能够简化学生观看动画微课的操作难度，还能够增加课程的传播力度。通过将动画微课投放在受欢迎的在线平台上，有效提高学生的参与度，促使更多学生受益于羽毛球技术的微课教学。

总体而言，羽毛球动画微课的开发制作需要在保持内容精简和实用性的基础上，注重技术示范的生动性，以及线上平台的选择与运用。这样的全方位考虑将确保动画微课在教学中发挥最大的教育效益，提高学生的学习兴趣和效果。

（二）课程技术动作角色模型的标准性及生动性

体育课程有着高实践性的特点，教学示范动作标准性和动画角色的生动性在一定程度上影响着教学质量的好坏。具体要求包括：一是动画角色选用中，在保证其生动形象的同时也要确保该动画角色能完整且标准地展现羽毛球动作技术要求，明确技术的特点，可以通过采集专业羽毛球运动员的技术动作模型，制作出相应的动画角色模型，以保证羽毛球动画角色生动性及动作技术的标准性。二是要灵活运用远景、近景、特写等镜头语言，对羽毛球技术动作细节进行讲解标注，使动画微课所展示的羽毛球技术动作更加直观和生动。

生动形象是吸引学生主动学习的要素之一，而标准性是学习正确体育技能技术的根本，因此，在保证动画微课效果的同时也要保证羽毛球技术动作的规范性和准确性，将正确的技术动作嵌套在动画角色上进行呈现，既能增加学生的学习兴趣，也能增强并保障体育动画微课的专业性。

（三）课程设计及内容结构的完整性

动画微课虽然精简，但不代表课程结构可以进行随意删减，完整的教学课程应当包括课程设计、课程标准、教案、课后评价及反思等环节。在动画微课的设计中要遵循课程结构的完整性原则制作微课教案，根据课程内容制定教学目标、教学过程、教学重点难点等内容，也可根据羽毛球专项特点设计微目标、微练习、微讨论等教学环节，以保证动画微课的结构完整性。

三、羽毛球动画微课的设计与教学

一集高质量的羽毛球动画微课制作周期可以分为前期、中期和后期三个阶段，在课程制作的前期工作中，先要对羽毛球课程整体风格进行定位，明确课程教学特点，把握课程制作方向，根据教学重点及难点对课程脚本进行设计，通过前期脚本设计的内容进行细致、具体的分镜头设计，从而完成重要的前期设计和准备工作。羽毛球动画微课的中期制作需要根据前期脚本计划及分镜要求对图像、音频、角色模型等素材进行制作与处理。在后期制作过程中进行字幕及特效的添加，最终使用视频处理软件将各类素材进行整合，输出完整的羽毛球动画微课成片。

（一）羽毛球动画微课的前期设计与教学

任何工程及项目都离不开精心的前期筹备与设计，羽毛球动画微课的制作也不例外。在羽毛球动画微课制作中，前期的工作决定了课程出品的质量及效果。教师需要对羽毛球动画微课的主题、叙事风格和制作软件等方面进行设计及严密的计划，保证羽毛球动画微课能按计划、按要求顺利制作完成。

1.课程整体风格定位

课程风格是体现微课节奏及效果的表现方式之一，动画微课节奏的快慢、画面色调的冷暖、音乐的轻急缓重都能体现出不同的课程风格特点。例如，欢乐的配乐结合快节奏的动画效果能表现出雀跃的课堂风格，使学生心情愉悦；又如轻缓的音乐结合温馨的暖黄色调画面效果，能给学生带来一种温馨、平静的状态；低沉的配音结合冷色调的画面往往会给学生带来压抑、不安的效果。由此可见，风格的不同其所能产生的课程效果也有所不同，课程风格的差异性能给学生带来不一样的感官体验。羽毛球动画微课内容以羽毛球教学为核心，所要表现的主题和内容以羽毛球元素为主，通过将动画艺术与体育专项的融合设计，创新采用“体艺结合”的动画微课信息化教学模式，制作出课程特色鲜明、整体风格欢快、灵动的体育类动画微课程，以期达到提高学生学习兴趣和提高教学质量的目标。

2.课程脚本设计

动画脚本可以理解为是动画微课的剧本或是动画微课的设计大纲，是对动画微课教学内容、整体效果、台词、对话等方面的整体规划，起到对动画微课教学设计、教学场景、教学时间细化的作用，前期课程脚本设计的质量好坏，对课程制作进度及课程质量有较大的影响。动画微课的特性决定其脚本设计与其特点的一致，每一节课程内容应尽量做到精炼，满足短小精悍、主题突出的特点。

羽毛球课程微课的教学设计，要对羽毛球理论知识、技术和战术实践技能进行筛选，以羽毛球历史起源、竞赛规则等理论性学习内容以及正手发高远球、正手击高远球等实践性技术教学内容为主，制作系列高质量羽毛球动画微课程，使学生通过微课学习基本掌握羽毛球理论知识及动作技术。

3.课程分镜设计

分镜脚本是指在动画微课制作前，教师根据教学内容将动画剧本进行细化，并通过图片或者文字的形式进行立体化的表现，直观地将教师所想表达的思想、教学内容及动画微课风格表现为立体的镜头语言。分镜头的设计是体现动画微课整体授课风格、课程内容框架、把控课程制作进度的重要环节。每个镜头都需标注时间、景别、内容、音乐音响等素材的制作要求，以帮助和指导后期的动画制作与拍摄，可以说动画分镜脚本就是动画制作的蓝图及制作依据。

在任何影视作品的前期制作中，分镜头的脚本设计都是重要的环节之一，无论是传统电影还是动画短片都需要精细且符合逻辑的叙事过程来呈现作品所要表达的思想。教师可通过思考进行课程画面的预演，把握羽毛球动画微课课程节奏，发现课程设计的不足，从而进一步完善课程设计，提升课程教学特色及效果。分镜脚本的设计对作品后续发展起着制约性作用，一个优秀的分镜脚本设计离不开教师对教学内容、素材、图片、配音等各方面的把控，优秀的分镜脚本设计可以帮助教师明确微课制作方向，把握课程制作的各个环节，提高动画微课课程质量，反之可能会降低动画微课的呈现效果。因此，教师在制作过程中要遵循创作及教学规律，在发挥其自身想象力的同时将体育教学与羽毛球动画微课融合创新，以设计出优秀的羽毛球动画微课分镜脚本。

（二）羽毛球动画微课的中期设计与教学

1.图形素材的设计及制作

图形素材是构成动画微课的根基，每一帧的动画画面都是由大量的、多种多样的图形素材结合而成的，逐帧画面的连贯播放便形成了动态的动画效果。在进行图片素材整理与制作过程中，课程主题与图形素材的契合度至关重要，在对图形素材进行选择时，优先选用符合课程特点、风格的素材资源，同时图形素材的类型以矢量图形为最佳，以保证素材本身的清晰度。羽毛球动画微课的非动态图形素材采用欢快、生动的动画形象为主，使动画微课教学内容能以生动、直观的特点展现给学生。而羽毛球动态动作技术图形采用手绘结合图形处理软件制作而成，通过对羽毛球动作技术的分析，根据动作技术要领，对动作技术进行拆分并逐帧绘制，以保证动画微课中所展示的动作模型呈现效果的正确性及完整性。

2.音频素材的设计及制作

声音能赋予人们想象，强化课程生动性、真实性、同步性，引发学生对时间、空间的想象。动画微课的配音能反映出发音者的性别、年龄、情绪和状态，而不同的背景音能渲染出不同的环境氛围，如欢快的、压抑的、紧张的氛围，都是通过音频的设计使画面感进一步得到延伸。动画微课有其独特的视听语言，音频在其中扮演着重要的角色，通过对音频的设计能丰富课程的表现形式，调节课程授课节奏，把控课程内容的重点、难点，在给人们带来愉快的视听感受的同时起到烘托课程气氛、强化课程主题的作用。

3.“声画合一”的融合制作

声画合一是电影学中常见的表现手法之一，又称为“声画同步”，是指作品画面中的图形影像与它所发出的音频同时出现，又同时消失，两者相互吻合。其作用能进一步增强画面的逼真性和可信性,使作品达到自然真实的呈现效果,提高了视觉形象感染力。这是当音频与图形影像结合时,作品画面所展现的内容才是具体和真实的。因此,羽毛球动画微课的制作可以采用该表现手法,以在增强课程生动性的同时提高课程真实性及感染力,进一步提升课程质量。

4.动态角色模型的把控和处理

在动画微课中,鲜明有趣的动画角色设计往往能给人们带来深刻的印象,如北京冬奥会吉祥物冰墩墩和雪融融,他们拥有生动可爱的造型,一经面世就受到了海内外人们的热烈追捧。因此,教师要以教学内容为依据,选择符合动画微课角色风格设定,才能赢得学生的喜爱。考虑到羽毛球动作技术较为复杂,过于抽象化的卡通形象无法满足动作技能的准确表现,为羽毛球保证动画微课教学的规范性及准确性,涉及羽毛球动作技术展示的动画角色可以采用手绘动态人物线稿为主,根据羽毛球动作技术模式勾勒相应人物动态线稿,再使用图形处理软件进行制作。

(三) 羽毛球动画微课的后期设计与教学

1.素材的整合与搭配

素材的整合是动画微课后期制作中的关键一步,在制作前期及中期,教师已将图片、音频以及羽毛球动态角色模型设计制作完成,在后期制作中需充分考虑如何将各种素材进行融合及搭配。在此过程中需要进行合理的设计,通过视频处理软件将各类素材进行整合与制作,以保证各种素材的完美融合,并发挥出其应有的作用,使动画微课的成品效果能达到预期。最后,还需进行字幕的添加,达到音画同步的要求。

2.画面的合成与成片输出

在完成以上所有工作后,羽毛球动画微课的成片效果已基本成型,这时教师应进一步对动画型微课整体效果、课程内容进行最后的调整,将各个环节的成品进行整合与微调整，在确定微课整体节奏及内容合适后，通过视频处理软件对微课进行渲染并导出成片，保证其达到最优的效果。

第二节 “互联网+”教学模式在足球教学中的实施

一、足球教学的要求与方法

（一）足球教学的要求

1.循序渐进与系统性相结合

学校要想顺利开展足球教学，需要把握足球教学的要求，顺应足球教学的规律。教师要根据教学内容的难易程度，按照由易到难的顺序进行教学，并且要考虑学生的身心发展特点，对于不同训练项目进行难度分类，并根据训练项目的类型设计不同的训练方法，对学生分周期、分阶段地开展教学，教师也要注意帮助学生衔接好不同阶段的内容，使学生循序渐进又连贯地掌握好足球训练内容。

2.综合性与实战性相结合

开展足球教学时，要做到综合性和实战性相结合的原则，综合性即要求学生在学习足球时要将教师所讲解的足球知识、技能、自身的身体素质、心理素质、智力能力等综合运用起来，达到融合发展的程度，为学生参加足球比赛打好基础，提高实战能力。

(1)技术与技术合理搭配。在开展足球教学时，教师要合理搭配技术与技术之间的关系，做到技术之间相互联系。并且要根据学生的接受能力和学习情况合理地规划教学内容。

(2)技术与意识的结合。教师在讲解足球技术时要注重对学生足球意识的培养，帮助学生形成正确的足球意识。教师也要合理地安排足球教学环节和内容，顺应足球教学的规律，提高学生对足球技术的应用能力，使技术和意识良好结合。

(3)技术与对抗能力的结合。足球教学势必要让学生具备良好的对抗能力,对抗能力是保证足球运动顺利进行的基础,足球教学时要适当地对学生进行对抗能力的培养。增强学生的对抗能力,促进足球技术手段与对抗能力的结合。

(4)技术与身体素质结合。教师开展足球教学需要考虑学生的身体素质,良好的身体素质是开展足球训练的基础,如果学生本身身体素质一般,教师一味高强度地给学生施压,那么就会造成学生难以承受压力,学习效果不佳,甚至对学生身体造成损伤。因此,教师在开展足球教学时要科学合理地规划教学内容,妥善安排教学的课时量、强度等要素,使足球技术训练与身体素质培养相结合。

(5)在模拟实战中练习技术。当足球技术训练达到一定程度之后,教师要组织学生参加实战训练,让学生在模拟实战中,体会真实足球比赛的过程,提高学生应对比赛的能力,避免在实际比赛中出现不适应或者发挥失常等情况。

3.感觉、思维与实践相结合

足球运动需要多方共同配合,需要各方力量形成默契。从运动员个体来说,需要运动员调动自身身体技能的各个方面,比如听觉、视觉、思维、操作动作等来协调配合,灵活应对比赛中的各种状况,作出机智、合理的判断。因此,在教学时教师也应从以下三个方面着手:

(1)利用多种直观感觉手段。足球运动是注重实践的一项运动,很多教学内容单靠语言讲述难以准确形象地表达出来,因此,教师在运用语言进行讲解的同时,要充分借助各种多媒体技术设备,通过图片、视频、影片、比赛录像等媒介来展示足球运动当中的动作技能,帮助学生以直观形象的方式感知足球教学内容,更好地理解足球训练的动作和技能。

(2)运用直观感觉手段要有针对性。开展足球教学面对的是学生这一群体,要充分考虑学生的各项要素,体现出针对性,比如学生的性别、年龄、学习目的、身体素质、理解能力等各项要素都对学生学习足球运动有重要影响,并且不同学生之间具有个体差异性,教师要尊重学生的差异性,因材施教,比如对于技术水平较低的学生,教师要多通过动作示范、图片等直观形象的方式帮助学生掌握运动技能。

(3)正确处理感觉、思维与实践的关系。教师在进行足球教学时一方面要巧妙运用直观教学方式帮助学生准确掌握足球运动技能,另一方面要引导学生正确处理好感觉、思维与实践的关系。学生在进行足球学习时,最开始需要观看教师作出的动作示范,然后进行模仿练习,最后进一步地融合发展,灵活运用于实践当中,形成灵活思维。

(二)足球教学的方法

第一,讲解法。在教学活动中,讲解法历来是教师讲解理论知识最简单有效的方法,在许多学科都非常适用,在足球教学方面,教师也可以采用讲解法为学生讲解足球运动相关的知识,让学生以最快的速度学习掌握足球运动技能。教师在运用讲解法时,要注意合理分配知识的要点,注重知识间难易度的区分,把握重难点,由易到难讲解知识技能,并且要注意吸引学生的注意力和兴趣。

第二,示范法。示范法是体育教学中最直观的教学方法,在足球教学过程中,一些需要着重展示的动作规范需要由教师通过实际操作或图片、视频、比赛录像等方式向学生准确地传达,这种直观的示范方法能够引导学生规范练习。

第三,纠错法。在学生进行足球运动时,教师要及时指出学生训练过程中的问题,及时纠正错误,避免学生形成错误的习惯。教师在纠错过程中,不要单纯地只纠正错误动作本身,还要指出造成这一错误的根本原因,从根源上纠正错误。

第四，练习法。足球教学离不开反复练习，学生在学习足球运动时，要按照不同的训练角度加大练习，提高运动水平。练习可以根据形式进行分类，具体可分为完整练习、分解练习、片段式练习；此外还可以按照运动特点进行分类，比如分为个人练习、小组练习、配合性练习等，运用多种形式提高学生的足球运动水平。

第五，案例教学法。足球运动训练的最终目的是在足球比赛中取得好的成绩，在平时的足球运动训练中就要多关注一些真实的足球比赛案例，从真实的案例中积累经验和教训，从而提高足球运动水平。案例教学法也可以作为教师向学生传达一些足球战略战术的典型展示素材，让学生直观地感受足球相关技能和战术，领悟一些失误的操作将会带来的后果，从而避免出现类似的失误。

第六，学习教学法。学习教学法是根据教学目标、教学任务等要素，对教学内容进行分类规划，进而配合相对应的教学方法。教师组织学生进行训练，对学生的训练结果进行及时评价反馈，帮助学生对自身的运动水平有一个准确地了解，从而帮助学生解决不足问题，提高运动水平。

第七，合作学习法。合作学习法在足球教学中是一项重要的教学方法，这种方法主要是通过小组活动的方式进行协调配合，最终完成训练任务。这种以小组形式对学生进行训练的方法有利于培养学生间的协调配合能力，增强团队间集体协作能力，有效提高训练效率。

第八，程序教学法。程序教学法，顾名思义就是将足球训练步骤分成几个小步骤，按照足球训练的程序一步一步进行练习，引导学生逐步掌握整个足球训练步骤，再对完整步骤进行优化。教师在足球教学过程中，首先引导学生对足球训练当中的一个动作或环节进行教学，并让学生反复训练，等到学生可以自如地使用之后，再进行下一个环节，依次学习，每个环节都要进行及时的评估考核，确保学生对每个环节都掌握了，再继续接下来的步骤，由此，帮助学生逐渐完善足球训练步骤，确保学生很好地掌握足球技能。

第九，发现教学法。发现教学法，充分调动了学生的主观能动性，教师引导学生来观察、分析某些教学材料，对课堂教学内容进行预习，让学生对足球训练技能形成基本的了解，让学生提出自己的疑惑或者问题，再由教师引导学生细致分析并理解教学内容，然后进行归纳总结，形成系统的认识。

二、“互联网+”模式对体育教学的影响

“互联网+”模式对体育教学的影响是深远的。这一模式以互联网技术为核心，通过与体育教学深度融合，为体育教学带来了许多新的机遇和挑战。

首先，“互联网+”模式拓展了体育教学的空间和渠道。传统的体育教学受制于地理位置和场地设施，而“互联网+”模式使学生可以通过在线课程、视频直播等方式进行远程学习，克服了地域限制，提高了学习的灵活性和便捷性。同时，通过在线平台，学生可以获得来自世界各地的优质体育教学资源，丰富了教学内容，拓宽了学习视野。

其次，“互联网+”模式丰富了体育教学的形式和内容。传统的体育教学主要以课堂教学和体育训练为主，而“互联网+”模式引入了在线课程、互动游戏、虚拟实境等多种教学形式，丰富了教学手段和体育活动的形式。同时，通过大数据分析和个性化推荐技术，学生可以根据自身兴趣和需求选择适合的学习内容和训练计划，实现了个性化教学和个性化训练。

最后，“互联网+”模式促进了体育教学的创新和发展。传统的体育教学受限于教师资源和教学手段，而“互联网+”模式通过引入互联网技术和智能设备，实现了教育资源的共享和优化，提高了教学效率和教学质量。同时，学生可以通过在线平台参与体育竞赛、组织体育活动等，培养了学生的团队合作精神和创新意识。

总的来说,“互联网+”模式对体育教学带来了全新的发展机遇和挑战,拓展了教学的空间和渠道,丰富了教学的形式和内容,促进了教学的创新和发展。随着“互联网+”模式的不断深化和推广,将为体育教学提供更多的可能性和活力,推动体育教学事业的不断发展。

三、校园足球“互联网+”教学模式的实施路径

(一)发挥“互联网+”教学的优点

伴随“互联网+”对各行各业的影响,“互联网+”和校园足球教学联系更加紧密,更多的“互联网+”资源被运用到线上教学中,借助“互联网+”资源的同步,将校园足球教学资源进行整合,按照学校的实际情况,足球教师持续开展“互联网+”资源研发,建立起“互联网+”校园足球教学优质资源库。

校园足球“互联网+”教学模式对传统校园足球教学模式健全有着非常重要的意义,需要充分发挥“互联网+”的优点,运用“互联网+”资源,使“互联网+”教学模式在校园足球教学中的作用得到充分发挥。智能助教载体的建设是“互联网+”背景对于信息技术运用的重要案例。“互联网+”能够节约人力成本,也能够节约教学成本。运用“互联网+”教学模式能够健全校园足球评估机制,加大对校园足球教学的相关管控工作。“互联网+”以及大数据技能可以加速信息相互流动的速度,提高不同学校之间开展沟通的水平,推动校园足球可以在积极交互进程中获得更好成绩。

(二)合理分配“互联网+”和传统教学

校园足球教学具有强烈的实践性,大部分课程需要在室外进行。因此,在教学中仍需主要采用传统教学方法。为弥补学生对理论性内容的了解不足,足球教师可以借助“互联网+”提供补充资料进行讲解。

在室外进行足球教学,有助于学生获取更多实践经验。传统教学方式中,足球教师会根据学生的普遍情况进行有针对性和侧重性的辅导。给予

学生充足的练习时间，针对个别学生在课堂中提出的问题进行有针对性的解答，可以加速学生对足球技能的掌握。

“互联网+”为校园足球教学提供丰富的数据资源，使得教学的内容更加丰富。在“互联网+”的背景下，校园足球的教学工作需要更加合理地运用相关教学资料。传统教学与“互联网+”相结合，能够充分发挥各自优势，实现足球运动更全面的发展。

为促进国内不同地区不同学校的足球发展，除了坚持以学生为主体的原则，还应该积极利用相关的电子竞技软件。所谓电子竞技软件不仅是指电子游戏软件，而且是结合了电子游戏与真实场景模拟的软件，并且利用了当前发达的网络技术，还增添了一些新鲜的时代元素。

在“互联网+”时代，电子竞技软件具有较高的科技含量，模拟真实的室外足球场景，学生可以在教师的指导下进行足球训练，训练过程中包含丰富的细节。通过模拟的真实场景，学生会受到一定的视觉和听觉刺激，加深对足球知识的印象。相较于传统的校园足球训练模式，这种方法具有显著的优越性，甚至可以说非常超前。这种方法有助于学生牢记训练中的动作，甚至是一些较为复杂的动作。对于复杂的动作，软件提供了解析，使学生能够在短时间内学会，从而提高了学习效率。

（三）做好线上和线下教学的衔接

校园足球作为一项实践性强的教学活动，在“互联网+”时代的教学中主要应用于课前和课后，而课中仍需要在线下进行校园足球教学。教学的三个阶段，即课前、课中、课后，相互关联，缺一不可。在课前，可以提前辅导足球理论知识，为学生的实践做好准备。在课中，将理论知识应用到实践中，找出学生在理论学习中的难点和要点，从而调整训练的教学方式，进行难点和要点内容的反复训练。在课后，可以利用“互联网+”进行理论和实践的巩固。课后的巩固需要具有针对性，例如，在学生练习运球时，根据学生的练习情况找出容易出错的点,重点讲授这一部分内容。因此,需要做好线下和线上之间的教学衔接,确保教学在不同阶段的衔接流畅,以提升足球教学的效果。

为了推动校园足球的教学质量评估工作,学校应完善校内信息技术,通过网络实现对校园足球教学质量评估。在互联网时代,学校可以充分利用互联网技术培养足球人才,这对促进校园足球的发展具有积极作用。由于不同学校和班级的足球课程进展存在较大差异,因此需要建立一定的质量评估体系,对教学的实际效果进行评估。

(四)进一步定位教师和学生

在传统校园足球教学模式下,足球教师扮演主导者。在教学过程中,足球教师向学生传授动作的要点、重点和难点,学生则按照足球教师的要求进行练习。学生在足球教师的指导下反复练习,直到掌握所学足球技能。在这种情况下,学生往往处于被动的地位,机械地根据教师要求进行练习。这种定位往往导致学生逐渐失去学习的兴趣。

在"互联网+"教学模式中,足球教师更像是学生的指引者。足球教师通过精心准备足球理论资料,引导学生进行学习和探讨。学生在教师的引导下能够掌握技术。学生不是处于被动地位,而是成为足球教学中的主体,能够自主展开学习。

为促进校园足球的发展,必须坚持以学生为主体的基本原则。只有充分利用"互联网+"技术,使学生能够全面学到和实践足球知识与技能,才能真正实现校园足球发展的目标。因此,教师在教学过程中应结合学生的实际情况,为每个学生制定有效的训练方法,以最大程度挖掘学生的潜力。

同时,使用与"互联网+"相关的设备进行授课时,要采取多样化的教学方式,激发学生学习足球的兴趣,提高学生学习足球的积极性和主动性。坚持以学生为主体的原则还需要对学生进行科学合理的分类,按学生足球运动的水平进行分组,以方便教师使用不同的教学方法,促进所有学生均衡发展。

(五)提升信息技术应用能力

校园足球的教学中除了使用传统教学方式之外,有一些足球理论能够借助"互联网+"进行讲解。教师通过互联网设备开展教学,诸如直播、教学资源推送等,这些都需要教师对"互联网+"技术具备较高的操作能力。学生也需要熟悉互联网设备的操作。

互联网技术对校园足球的发展具有深远的意义。互联网拥有丰富的数据和足球知识资源,为校园足球提供了重要支持。为了充分利用互联网技术,学校应该建设科学合理的足球教学平台,并通过互联网技术进行科学教学,以解决一些足球教学难题。

首先,学校建设的足球教学平台应该由专业人员管理,确保内容科学合理。互联网上蕴藏了大量足球知识,学生可以在课后利用互联网学习足球知识,为后续足球实践课打下扎实的基础。

其次,互联网技术还能够为学生提供足球实践技术的学习资源。学生可以在足球教学平台上观看复杂足球动作的讲解,并进行模仿。这种学习方式可以提高学生的自主学习能力,并有效提高学生的足球技术水平。

(六)提升"互联网+"备课能力

备课是校园足球教学课前的重要环节,足球教师需要提前对足球知识和足球技能进行学习和整理,按照学生情况、教学目的等进行剖析,将相关资料进行进一步的整理和制作,突出难点、重点。足球教师的"互联网+"备课能力非常重要,足球教师在线上授课具有吸引力,不仅可以提升学生的学习效率,还能够提高学生对足球学习的兴趣,因此,提高教师"互联网+"备课能力非常重要。

在互联网时代,智能化是最显著的特点之一,建设智能化足球教学系统是推动校园足球深化发展的关键步骤。

学校可以根据学生的身体素质和综合发展情况,实事求是地建立校园智能化教学系统。该系统的内容与知识应当丰富多样。在足球课堂中,教师可以利用智能化设备模拟3D真实场景,让学生更深刻地体验足球带来的乐趣。此外,智能化足球教学系统应为不同班级的学生制定个性化的训练计划,并严格管理学生参与足球运动的时间。

智能化的教学系统还能将学生的足球训练数据与团队的专业数据进行科学合理的对比,帮助发现存在的不足之处。教师可以在此基础上提供合理的指导意见,解决可能影响发展的问题,促进学生足球技术的提高。

(七)培育学生"互联网+"信息辨别能力

学生在利用"互联网+"获取足球知识的同时,会面临着各种不同的信息。然而,互联网上存在大量的信息,既有有用的信息,也有一些并非真实的信息。因此,培养学生在这个信息泛滥的环境中高效剖析和选择出需要的信息,成为校园足球教学中亟待解决的问题。

学生在校园足球学习过程中,需要具备对信息的辨别能力。这种能力涉及对信息的深入了解、准确判断和迅速筛选。通过在"互联网+"环境中获取足球知识资料,学生能够锻炼自己的信息分辨能力,判断信息的真实性、可信度和适用性。这对于学生未来的学习和生活具有重要意义。

(八)培育学生自主学习能力

在"互联网+"时代,智能化是其最显著的特征之一,广泛应用于社会各个产业。在校园足球教学中,智能化的运用变得尤为重要。智能化在校园足球教学中为教师提供了便利,尤其在数据汇总方面,能够更全面、仔细地了解学生的数据。这种数据汇总的智能化体系使得学生在不同时间段的数据变化更为直观和清晰。教师可以参考学生的数据变化合理开展校园足球教学。

智能化体系的数据汇总剖析确保各项数据的准确性和客观性，避免了人员操作上的感官误差。在“互联网+”教学模式下，足球教师通过互联网教学平台对学生进行教学。由于学生在另一个端口进行学习，足球教师无法直接观察学生的学习情况。在“互联网+”教学中，学生是否认真学习，是否在进行其他活动，对于足球教师来说是不得而知的。尤其是对于自觉性较差的学生，如果不能自主进行学习，就会导致“互联网+”教学流于形式，无法发挥出教学的真正作用。

因此，足球教师除了利用软件进行日常考核外，还应注重培养学生的自主学习能力，让学生真正能够投入学习足球理论知识中。通过智能化技术，足球教学不仅可以更便捷地进行数据管理和分析，还能够更好地引导学生进行自主学习，进而提高校园足球教学的效果。

第三节 “BOPPPS+翻转课堂”在排球教学中的应用

BOPPPS教学模式以有效教学著称，以建构主义和交际法为理论依据。BOPPPS由六大环节构成，因其由六大环节的英文首字母组合在一起，故称为BOPPPS教学模式。BOPPPS教学模式可以从以下方面进行理解：

B(Bridge-in)，即正式进入课程教学之前的引言环节。

O(Objective)，即建立该课堂的学习目标和预期达到的结果。

P(Pre-assessment)，即在建立学习目标之后对学生开展的前测或摸底。

P(Participatory Learning)，即师生参与式学习，该环节主要通过师生互动来实现课程核心内容的交互式学习。

P(Post-assessment)，即在此次课堂快要结束之际及时对学生开展的检验或评估。

S(Summary)，即对本次课堂进行总结。

一、“BOPPPS+翻转课堂”模式在排球教学中的流程

（一）“BOPPPS+翻转课堂”模式的课前阶段

课前部分包含“BOPPPS”中的“O”目标和“P”前测，教师根据教学内容制作教学视频、教案，并上传到学习通，让学生自主学习。学生通过课前的学习明确动作技术的要领和教学目标，然后完成测试题，通过测试题对学生进行前测，了解学生对教学内容的掌握情况，学生将不懂的问题反馈给教师，教师根据学生答题情况，在学习通上设置讨论环节，学生可以提出自己的困惑，交流想法，教师要记录学生的想法，在上课的时候重点讲解。学生的课前学习情况教师可以通过学习通平台进行了解。

课前教学视频主要是根据中国大学慕课网和网络上收集的素材制作而成，视频时长控制在5～8分钟，为了让学生能认真观看完视频，对上传的视频进行了不允许进行倍速观看和防拖拽设置。上传的视频不受时间影响，学生可随时随地进行观看，模仿动作，对于难度大的排球技术动作，学生还可以反复观看。这样不仅提高了学生的学习效果，还能减少教师教学的重复性劳动。

（二）“BOPPPS+翻转课堂”模式的课中阶段

课中阶段包括了“BOPPPS”教学模式中的“B”导入、“P”参与式学习、“P”后测和“S”总结四个环节。在课中的开始部分通过讨论、热门话题、故事、播放视频、回顾知识点等方式对整堂课进行导入，激发学生的学习兴趣，然后检查学生课前学习的情况，并组织学生进行准备活动。教师组织学生进行讨论交流和展示，从而达到加深学生对技术动作的认识理解。教师对课前学生集中的问题和疑问进行解答与动作示范，然后将学生分成小组并指定一名学生为组长，对小组提出新问题，要求小组成员通过“练习+反思+同伴学习+讨论”的方式寻找答案。小组成员讨论和互相帮助，教师巡回指导各

小组，并指导学生纠错。教师巡回后对各小组进行后测，后测的主要方法有练习、技能展示、比赛等，以检验学生对知识的掌握情况和学习效果。然后由小组成员相互点评，教师指出存在的问题，并对有进步的小组进行表扬。最后，在课的结束部分教师引导学生进行总结归纳，学生自我思考本次课学到什么内容，掌握了什么内容，哪部分知识有欠缺，自己欠缺的部分哪位同学做得好。教师再总结要点，布置作业，宣布下课。

（三）“BOPPPS+翻转课堂”模式的课后阶段

在排球教学的课后阶段，通过充分利用学习通等在线平台，教师可以与学生建立更为紧密的联系。在学生完成作业的过程中，教师应当关注学生的学习状态，鼓励他们主动思考和解决问题，同时提供必要的指导和支持。通过作业的检查和评价，教师可以及时发现学生的不足之处，为下一阶段的教学提供针对性的调整。这一过程对于提升学生的学习效果、巩固知识点以及培养自主学习能力具有重要意义。

二、“BOPPPS+翻转课堂”模式在排球教学中的设计

BOPPPS教学模式包括六个环节，核心在于以学生为中心，关注学生的发展需求，强调学生全方位地参与学习，并及时获取反馈信息，翻转课堂是“先学后教”，即在课前将知识传授给学生，在课堂将知识内化，颠倒了传统的教学过程，在翻转课堂环境下的教学环节的安排，需要从多个方面进行考虑。

BOPPPS教学模式中的目标和前测环节的相关教学活动安排在线上进行，依据是目标和前测的主要任务是为课堂教学的开展做准备，课堂时间非常有限，因此将一些简单易懂，学生能自主完成的活动内容放在课前进行，既节省了时间，又提高了学生的自主性。

BOPPPS教学模式的导入、参与式学习、后测和总结四个环节的教学活动放在课堂上进行。在课堂上学生的注意力会有两个高峰，这两个高峰出

现在刚上课的时候和快要下课的时候,教师应积极抓住这两个注意力的高峰时段,提高学生的学习效果。在学生注意力集中的时段通过有趣的导入激发学生兴趣,将学生注意力转移到即将学习的内容上,为后续的教学活动做铺垫。在课堂教学中间时段,学生的注意力开始涣散,这时通过师生之间、生生之间的参与式学习提高学生的学习积极性。在将要下课时学生的注意力将迎来第二个高峰,这时对学生进行后测检验教学效果,总结回顾所学知识,更容易让学生记住知识。因此,依据学生注意力的特点,将导入、参与式学习、后测和总结四个环节放在了课堂上进行。

(一) 目标活动设计

目标在整个教学过程中具有非常重要的作用,它的作用体现在导教导学。第一,教学目标可以指导教师的教学具体过程,让教师明白为什么要教、要教什么。明确教学目标,教师设计教学活动都要以教学目标为依据。第二,教学目标指导学生的学习过程,学生根据教学目标判断自己是否掌握了教学内容,让学生知道要学什么,做到心中有数。教学目标既是起点,也是归宿,它既能概括教学的核心,又能检验教学的成效,是实现"BOPPPS+翻转课堂"的必要条件。

教学的整个过程都是以目标为中心的,脱离了目标,教学就不能进行或不能达到期望的结果。对于教师来说,目标直接引导教师进行教学活动的设计,推动教学过程的修正和调整;对学生来说,目标确定了学生的学习方向和所要达到的程度,学生有了明确的目标,就能根据教学要求积极地去学习。因此,如何准确地提出和阐明目标非常重要。在教学目标设计过程中应注意:从学生的角度来看,要做到明确、可达成、可衡量、可评估,涉及知识与技能、过程与方法、情感态度与价值观等三个层面;教学目标设计应和学习内容相结合,不能脱离本节课所讲的知识。

（二）前测活动设计

教师在发布视频的同时也会发布测试题和发起讨论，学生在观看完视频后完成测试题并参加讨论，教师通过学生完成测试题的正确率和讨论情况，一方面可以了解学生课前学习完成情况，另一方面掌握学生的学习效果。前测活动设计的目的是了解学生的学情与兴趣，通过学生的反馈确定学生的具体需求，帮助教师调整接下来的教学内容的深度、进度和设计教学活动，同时也帮助学生认清自己知识点的不足。在“BOPPPS+翻转课堂”教学模式下的大学体育排球选项课前测活动主要包括作业练习和讨论两种形式。

第一，作业练习。课前设计测试题，题型主要以选择题和简答题为主，内容包括动作要领、重难点、练习方法等。学生完成了测试题，能够帮助他们对自学的内容进行巩固，在答题的过程中，他们还能够主动思考，从而发现自己在学习过程中存在的问题。

第二，讨论法。教师根据教学内容，在学习通上发布讨论题，引导学生一起交流讨论，学生在学习过程中遇到的问题也可以通过讨论交流加以解决。通过讨论法，教师可以了解到学生存在的问题，并指导学生解决问题。

（三）导入活动设计

导入是指在开始正式课堂教学之前的引言环节，导入是一门课程的开始，它的主要作用是引起学生的注意，激发学生学习的兴趣，提高学生的学习积极性。通过一个生动有趣的导入，使学生对所要学习的内容产生兴趣，并启发他们进行思考，活跃课堂氛围，提高教学效果。一个好的导入能提高整节课的教学效果，因此，教师应在课前对导入环节进行设计，这样才能实现教学目标。

导入的方式有许多，最为常用的有故事导入、问题导入等。在正式上课前对学生讲述与本节课教学内容相关的人物故事、时事新闻，例如在学习正面双手传球时，对学生讲述中国女排二传手丁霞的故事来吸引学生对二传手这个位置的关注和兴趣。还可以和学生讨论课前学习遇到的问题,引发学生思考。也可以组织学生做游戏,游戏的规则贴近排球规则,游戏的方式简化排球基本动作,让学生在游戏过程中体会排球的乐趣。

(四) 参与式学习活动设计

参与式学习活动设计目的是使学生保持学习兴趣,积极思考问题。在课堂教学中,学生与学生之间、教师与学生之间进行有效的沟通,能提高学生的自主学习能力。学生之间的互动主要通过小组合作交流和讨论问题的方式开展,教师与学生之间的互动主要通过教师讲解示范、指导练习和纠错的方式开展。教师更多的是引导学生主动学习,让学生主动寻找解决问题的方法。教师当好课堂的引导者和推动者,使学生积极地参与学习。

参与式学习可以促使学生主动地参加到课堂学习中,让学生从最初的被动接受者,变成知识的创造者。让学生在共同交流探讨中主动学习知识,从而提高学习效果。

第一,小组合作。把学生分成不同的小组,每个小组5~6人,每个小组设1名组长,给每个小组布置任务,小组成员为完成任务积极参与课堂教学,通过自己的能力获取知识并进行交流,培养学生合作交流的能力。

第二,讨论法。教师结合学生课前自学情况和教学的重难点,设计讨论话题,学生以小组为单位进行讨论,并将讨论的结果在课堂上和其他小组进行交流。在教学过程中,教师要引导学生发挥主观能动性,培养学生的逻辑思维能力和语言表达能力。

第三,问答互动法。教师在教学过程中,对学生提出的问题进行讲解,并引导学生自己思考,加深对问题的认识。教师也可以根据教学目标和教学内容设置问题,让学生自己思考或者讨论,然后一起找寻问题的答案。

(五) 后测活动设计

后测的目的是检验教学效果,是否达到了教学目标,以及学生对教学内容掌握程度。后测设置的难度不能过高，要与前测相互呼应，应尽可能地保证所有同学通过努力都可以完成。通过后测环节教师要能清楚知道，学生学到了什么，教学目标是否达成，学生的理解是否有差异；学生则要知道自己是否已经掌握所学知识，还需进一步学习什么，等等。

后测的形式和方法多种多样，应根据教学内容与具体情况，选用不同的方式进行。常用的后测方法有：①问答法，主要用于新课授课上，教师通过提问本节课的教学重点和难点、动作要领，让学生进一步巩固所学知识；②测试法，主要用于巩固提高课上，教师对学生进行测试，设置达标标准，以检测学生对动作掌握的情况；③展示法，学生以小组为单位按顺序进行技能展示，教师进行评价；④比赛法，简化排球规则，小组之间轮流进行比赛。后测方法和内容要根据课堂的实际情况来选择，包括学生的学练情况、情绪状态、课的类型和掌握程度等。

学生情绪低迷时，选择比赛法能较好地激发学生的热情；新课授课运用问答法，在一答一问中加强学生记忆；学生对技术动作掌握得较好，采用展示法可以促进学生间的互动交流，增强学生的自信心。

后测环节是通过针对性的方法，测试学生一节课下来对知识的掌握程度，了解学生的学习效果。教师通过后测环节的反馈能够清晰知道教学的效果如何，是教师进行课后反思的重要依据，因此，一个好的后测不仅能够检验教学效果，还可以将学生的学习情况反馈给教师。

（六）总结活动设计

总结活动设计的目的是引导学生回顾本节课所学的内容，对课堂的教学内容进行梳理归纳，分析学生在学习过程中存在的问题，引导学生对教学内容进一步思考。学生通过自我总结、分享学习心得、进行课堂讨论，能不断提高学习能力和学习效果。教师在总结教学活动时，要多对学生进行表扬，提高学生的自信心。在教学过程中，教师要多与学生进行互动，以肯定学生，调动学生的学习热情，再进行教学反思，使教学设计更加完美。

教师在进行课堂总结时应注意：①总结要精练，突出重点内容；②指导学生做好自我评价，给予学生赞扬和鼓励；③及时解答疑问，一节课下来，学生会有不懂的地方，教师应及时予以解决，因为体育课的特殊性，需要学生勤练才能掌握动作技巧，所以教师给学生指出问题后，要及时布置课后作业，让学生在课后勤加练习。

三、"BOPPPS+翻转课堂"模式在排球教学中的优化

（一）将"BOPPPS+翻转课堂"模式在体育课中进行推广

尽管"BOPPPS+翻转课堂"模式在排球教学中取得显著成就，但在体育课堂中的应用较为有限。在当前的体育教育环境中，迫切需要引入创新的教学方法，以更好地满足学生多元化的学习需求。因此，强烈建议在体育课中积极推广"BOPPPS+翻转课堂"模式，以推动学生在体育领域的全面发展，提升体育教育的质量。

首先，培训教师。教师通过培训可以有效提升对"BOPPPS+翻转课堂"模式的理解和应用能力。教师在掌握相关教学理念和技能的基础上，能够更好地引导学生积极参与体育学习，激发他们的学习兴趣。培训教师还可以帮助教师更好地组织教学内容，使之更符合"BOPPPS+翻转课堂"模式的核心原则，从而提高教学效果。

其次，更新教材。教材的更新也是推广"BOPPPS+翻转课堂"模式的重要一环。新的教材应当更好地融入这一模式的理念，使学生能够在预习阶段更好地掌握基础知识，为课堂上更深入地讨论和实践活动打下坚实的基础。通过精心设计的教材，学生可以能够更好地理解和掌握所学知识。

最后，技术支持。技术的支持也是成功推广"BOPPPS+翻转课堂"模式的关键。借助现代技术手段，如在线学习平台、多媒体教学工具等，可以更好地支持学生在翻转课堂模式下的学习活动。教师和学生可以通过这些技

术手段更方便地进行信息交流，促进学生在课堂上更深度思考和合作。同时，也有助于解决可能出现的技术障碍，确保“BOPPPS+翻转课堂”模式在体育课堂中的顺利实施。

总体而言，“BOPPPS+翻转课堂”模式在排球教学中的成功经验为体育教育提供了宝贵的启示。通过培训教师、教材更新、技术支持等手段的有机结合，可以有效推动这一模式在体育教学中的广泛应用，为学生提供更富有创意和实效的体育学习体验，促使他们在体育领域取得更为全面的发展，进一步提升体育教育的质量。

（二）有效监控，提高自主学习能力

在运用“BOPPPS+翻转课堂”教学模式中，有效监控是提高学生自主学习能力的关键环节。其中，课前和课中的阶段尤为重要，在课前，教师的任务主要是分发学习资料，设计预习问题，以及提供必要的引导和支持。学生在这一阶段需要严格按照教师的要求，自主学习教师指定的学习内容，并尝试解决预习问题，以此为基础，为课堂讨论和深入学习做好准备。在课中，教师则转变为引导者和协助者，组织学生进行小组讨论、问题解答和知识深化。通过学生的积极参与和互动，教师可以更好地了解学生的学习进度和理解程度，从而有针对性地进行教学调整。这一阶段，学生需要将课前自学的内容进行实践应用，通过讨论和问题解决，加深对知识的理解和记忆。

为确保课前学习的有效性，引入奖惩措施是一种有效的手段。通过设立奖励机制，可以激发学生的学习兴趣和积极性，进而提高他们对自主学习的认同度和投入度。同时，适度的惩罚机制也能够促使学生更加认真对待课前学习，确保他们在规定时间内完成学习任务。

此外，利用学习通后台对学生的学习进行监控是一项有效的管理工具。学习通后台可以提供实时的学习数据，包括学生的学习进度、参与度以及对学习资料的理解程度等。通过对这些数据的监控分析，教师可以及时了解

学生的学习状态，发现存在的问题能及时进行指导。这种个性化的监控方式有助于提高学生的学习效果，使其更好地适应“BOPPPS+翻转课堂”模式的教学要求。

（三）创新教学方法，综合运用多种教学方法

创新教学方法是指在教学过程中，教师通过引入新颖、灵活的方法和手段，提高教学效果，实现教学目标。教学方法的选择直接影响学生的学习兴趣，因此，为了避免课堂氛围沉闷和枯燥，教师需要综合运用多种教学方法，使课堂充满活力。

不同的教学方法将带来不同的学习体验。传统的单一教学方法可能无法激发学生的兴趣和积极性，因此在教学设计中引入创新的方法尤为重要。为了更好地实现教学目标，教师可以灵活运用情境教学法、PBL教学法（问题驱动式学习）、讨论法等多种教学方法，以满足不同学生的学习需求和学科特点。

首先，情景教学法通过模拟真实场景，将学生置身于实际问题中，促使他们在具体情境中主动探究和解决问题。这种方法可以增强学生的实际操作能力，培养解决问题的能力，提高学习的实用性。

其次，PBL教学法强调学生通过解决实际问题来学习知识和技能。教师在教学设计时可以设置开放性问题，激发学生思考，培养他们的合作精神和创新能力，使学习更具深度和广度。

最后，讨论法作为一种互动性较强的教学方法，能够促使学生展开思想交流。教师可以通过鼓励学生发表观点、提出问题，引导学生主动参与讨论，培养学生的批判性思维和表达能力。

总体而言，综合运用多种教学方法有助于打破传统教学的束缚，创造出更具活力和创意的学习环境。通过不同教学方法的交叉运用，教师可以更好地满足学生的多样化学习需求，提高学生的综合素养，实现教学目标。

（四）根据实际情况，灵活设计教学方案

“BOPPPS+翻转课堂”教学模式综合了课前、课中和课后三个阶段，以及导入、目标、前测、参与式学习、后测、总结六个关键环节，旨在促进学生深度学习和主动参与。在运用这一教学方法时，教师应当充分考虑实际情况，灵活设计教学方案，以确保该教学方法的有效性和适应性。

课前，教师应当根据学生的学习水平和学习兴趣，巧妙运用BOPPPS模式的导入和目标环节。在导入环节，教师可以采用引人入胜的案例、问题或引文，激发学生的学习兴趣，引导学生积极思考。目标环节则应明确教学目标，使学生了解教学目标，激发学习的主动性。同时，教师需要灵活调整导入和目标的设计，以适应不同学生的特点。

课中，教师要注重参与式学习的设计和实施。采用翻转课堂的方法，教师可以借助多媒体资源在课前呈现基础知识，课中则更多地用于讨论、实践和解决问题。在参与式学习环节，教师应根据学生的实际情况，巧妙设计问题、任务或案例，激发学生的学习兴趣，引导学生寻找答案，培养学生的逻辑思维能力和解决问题的能力。此外，教师还需要根据学生的反馈灵活调整讲课的进度，确保每个学生都能跟上进度。

课后，教师应加强巩固和总结。在后测环节，可以设计各种形式的测验或任务，检验学生对课堂内容的理解和掌握程度。总结环节则可通过讨论、反思或小结等方式，强化学生对知识的整合和应用能力。同时，教师要灵活运用课后反馈，及时调整后续教学计划，以满足学生的个性化学习需求。

总的来说，“BOPPPS+翻转课堂”教学模式为教学提供了全面的框架，因此，实施过程中教师应当灵活运用该模式的六个环节，根据实际情况进行有针对性的设计。

第六章 智慧体育教学的课堂实践
——田径课程

第一节 田径课程的理念与内容建设

一、田径课程的理念

随着经济的不断发展,人们生活水平的提升,人们对于国家经济的需求已经从以物质生活需求为主转变为物质需求与精神需求并举的状态。健康生活成为国家和人们的共同追求。田径运动作为一项普及性强的体育运动项目,受到很多人的喜爱。田径运动对于提升全民身体素质有着非常重要的作用。

(一) 健康第一

1."健康第一"的依据

首先,健康教育的思想与世界发展潮流相符合。一个人健康的状态应该是:免于疾病的侵扰并使身体与精神能够和社会保持良好的适应。世界卫生组织也是从身体、心理和社会之间的关系维度来定义健康的。随后,健康教育便在世界各地如火如荼地开展起来。我国积极响应世界卫生组织关于健康的思想,提出了"健康第一",并努力改变原有的体育健康教育,打破了原有体育单一追求竞技性和功利性的模式,同时注重对学生身心健康的关注、重视健康教育的平衡发展。所以,在田径课程中,必须重视对"健康第一"意识的培养。

其次,健康教育的思想与社会发展需求相适应。当今社会,科技取得了极大的进步，各国之间综合国力的竞争日益激烈，但归根结底，都是人才和劳动者素质的竞争。我国教育要想在激烈的竞争中获得胜利，必须培养

一批专门人才，这样的人才一定是具备极高的政治素养的，同时也一定是具有丰富的专业知识和个人修养的，然而所有的一切都是以劳动者健康的身体素质为前提条件的。因此，田径运动教学要以学生的身心健康为核心，在教学中坚持"健康第一"理念，摒弃传统教育中与现代社会发展不相符的教学思想。

2.体育与健康教育的目标

（1）严格执行国家规定的健康标准，普及科学的体育锻炼知识，真正做到保障学生的健康。在田径运动教学中，教师应依据最新的学生体育健康测试标准对学生进行测评。在一定程度上给予学生根据自己的爱好和需要自主选择具体的田径运动项目的权利。

（2）进一步完善体育健康教育体系。体育本身具有一定的文化底蕴，因此体育教学不应该单纯的是教育学生进行体育锻炼，而是需要与其他的学科内容紧密结合，使体育教学的知识面更广，以此提升学生对体育的兴趣。

（3）积极贯彻响应"健康第一"的指导思想。当今社会发展迅速，知识的更新速度非常快，边缘学科的发展也是史无前例的，面对当前日趋激烈的社会竞争，单纯依靠丰富的知识是明显不够的。因此，我国提出了"健康第一"的指导思想，意味着国家对体育教育有了更高的要求，即学校要通过适当的体育锻炼培养出身体健康、竞争力强和拥有团结协作精神的新型综合人才。田径运动教学也要贯彻"健康第一"的指导思想。

（二）以人为本

1."以人为本"教育思想的发展概况

"以人为本"的教育思想就是提倡将人作为教育的出发点和落脚点，教育是为人服务的。我国早在商周时期，就已经提出了民本思想。之后这一

思想得到了继承和发展,比如春秋时期儒家提倡的"仁者爱人"思想等。当然,如今人们提倡的"以人为本"思想与传统的思想还是有区别的,应该说是在古代民本思想的基础之上发展和丰富的。我国有很多教育学家在探索教育目的和教育方法时,也都秉持这一理念,他们认为教育可以使人变得高尚、有道德。

2."以人为本"教育思想的贯彻

发展是当今时代的主题之一。要想培养出优秀的社会主义建设者和接班人,就必须紧跟党的步伐,不断深化教育教学改革。就当前体育教育发展情况来看,仍然存在诸多不足之处,比如旧的教育观念通常带有浓厚的功利性,注重技能轻视过程、注重知识的传授,轻视人格的培养;"以人为本"的教育思想在体育教育中也没有完全得到落实,教育体系和教育结构还需要进一步完善。

(1)在田径课程中,一定要做到以学生为本。每一名学生都是独立的生命个体,都应该得到认可与尊重。学校应该切实优化办学条件,加大对田径运动设施的投入,尽可能地为学生提供良好的田径运动条件;学校应该本着对学生认真负责的态度,尽可能地为学生提供较为安全的体育运动设备和环境。教师应该尊重学生的个体差异,根据实际情况进行教学设计和选择教学方法,促进学生田径运动个性化发展。同时还要建立完善的体育运动教育体系,重视教学方法的多样化,增强田径运动教学的吸引力,激发学生参加田径运动的兴趣。

(2)在田径课程中,要做到以教师为本。在田径运动教学中,学生是学习的主体,教师是学生学习的引导者。因此,在田径教学中,不仅要坚持以学生为本,而且要坚持以教师为本。学校应尽可能地为教师提供教学、科研所需的设施和资源,为教师营造良好的工作环境和宽松的工作氛围,对教师的教学工作进行客观、合理的评价。悉心关注教师个人的发展,制定合理的、灵活的教师管理制度。另外,教师作为教育过程中的重要一环,也要注意自身的发展与提升，应根据时代和学生的需求，努力提升自我，为体育教学改革贡献力量，为贯彻“以人为本”的指导思想出谋划策。

（三）终身体育

1.“终身体育”理念的解读

终身体育可以从两个方面进行阐述：①在生命中，进行所有的有效的身体锻炼，被称作为终身体育；②在生命中所接受的所有关于体育教育的内容的总和，被称作为终身体育。

终身体育可以理解为随着生命的开始而开始，随着生命的结束而结束，也就是说终身体育是渗透在人们一生当中的整体体育活动形式，也是整个生命过程中外延性的，持续性的，贯穿体育教育的整个过程。如果从生命的每一个阶段来划分终身体育的全过程，那么终身体育可以分为三个不同的层次：①学前体育教育；②学校体育教育；③社会体育教育。在这三个不同的层次当中，学校体育教育是体育教育中非常重要的一部分。

进入21世纪后，学校的体育工作和体育教学观念发生了新的变化。学校纷纷开始加强对学生健康知识的传授，注重培养学生良好的锻炼习惯，重视体育教育对学生产生的教育性，而逐渐淡化体育运动的竞技性和功利性。教师在授课过程中也比较注重对课程内容的精心策划和对体育教学意义的探索，培养学生的抗压能力，尽可能地帮助学生减少在今后工作中可能会遇到的心理阻力，使学生更好地适应社会。所以，体育运动对人们的影响是巨大的，我们应该牢固树立“终身体育”的新理念，保证身体的健康和积极向上的精神风貌，从而提高个人的生活质量。使学生在体育运动中获得舒适感，进而积极主动进行体育锻炼，如此形成良性循环，更有利于“终身体育”新理念的践行。

2.“终身体育”意识的培养

第一，要注重培养“终身体育”的意识。要想实现对学生的终身体育教育就需要从思想层面加强学生主动进行体育运动的意识。心理学表明,一种行为的出现是以对某种事物的认识为前提的,而且在认识的过程中还要产生一定的兴趣。所以在进行体育教学的过程中应该注意引导学生端正体育学习的态度,同时,还要注重强化学生终身体育的观念,以实现体育教学的教育价值。除此之外,学生终身体育的观念不应该仅仅局限于校园内,应该引导学生即使是走向社会也要保持体育锻炼的好习惯。体育教育应该以达到全民健身为目的,促进“终身教育”理念的践行。在田径运动的教学活动过程中,体育教师应该注意树立长远的教学目标,以使学生终身受益为目的,对体育教学的过程严格要求,给学生灌输“终身体育”的思想观念。

同时,教师应该注意提升自身素质和人格魅力,这也会对学生产生潜移默化的影响,学校应该注重对教师综合能力的培训。体育教师应该具备一定的职业素养和渊博的专业知识,同时还要有善于创新的精神和较强的教学能力。实践证明,一般高水平的教师都能赢得学生的尊重和信服,而且对学生的影响也是巨大的、长远的。

第二,要及时调整学校的田径运动教学目标。目前看来,体育发展的重要指导思想是“终身体育”的思想。根据当前社会的发展趋势,单纯地追求对学生纯生物学的改造似乎无法满足人们内心对自我实现的需求。在“终身体育”思想观念的引导下,体育教学呈现出一片生机、充满活力的景象,学生自我提升的意识也进一步加强。因此,学校的体育教育应该始终贯穿终身教育的主线,以实现终身体育为最终的归宿和落脚点。

第三,田径运动教学要注重提高学生的直接思维能力和多样思维能力,不仅要让学生学到一定的田径知识和技能,最重要的是要培养他们灵活、敏锐的思维能力,毕竟“授人以鱼不如授人以渔”,要让学生学会“举一反三”。需要注意的是,思维训练和技术训练以及战术训练几者之间是相辅相成的。

第四,丰富田径教学的内容。体育教育在长期的发展中,由于传统教学方法和教学大纲的局限,使得体育教学的授课内容较为单一且枯燥无味,学生对于了解体育和终身体育之间的密切关系也缺乏一定的主动意识，在体育老师的权威教学下，学生的学习热情和主动创造力被束缚，这也是体育课程教学质量不高的一个重要原因。而如今实行的体育教学改革致力于学生对田径运动的理论知识和运动的基本技能的学习，以此更好地贯彻“终身体育”的新理念。

第五，充分调动学生贯彻“终身体育”理念的积极性。学校检测和衡量体育教学成果的手段通常都是体育考核，通过体育考核的结果，体育教师可以及时地知晓自己的教学效果，也可以了解学生的体育锻炼动态，并及时地改进教学过程中存在的不足，从而更好地提高体育教学质量。考核是一种检测学生体育学习的重要方法，教师在对学生进行考核的过程中应该注意考核方法的多样性，切实地依据学生的实际情况，比如可以采取动态的多次考核方法，而不是一次就对学生结果下结论，使学生明白教师在体育教学方面的良苦用心，激发学生学习体育的热情和信心，为“终身体育”奠定心理基础。

第六，改善体育运动的场地和器材等硬件设施，并适当调整体育教学的管理模式。加大体育运动的宣传力度，开展丰富的课外体育活动课程。学生在进行体育锻炼的时候需要一定的场地和器材，学校应该注重完善学校的体育器材和划定一定的体育用地，同时还应该对体育器材和场地合理管理，保证学生在锻炼时有充足的硬件设施。除此之外，学校还可以利用早晚间广播、校报和校园网、宣传栏等工具，定期宣传开展田径运动比赛，也可以开展一些田径运动相关的讲座或模拟比赛等活动，营造田径运动的良好氛围，让学生在潜移默化中感受田径运动带来的美感和舒适感，以培养学生“终身体育”的意识，提升学生对田径运动的兴趣。

二、田径课程内容的建设

在当前经济社会高速运行中，为适应社会的变革与发展，培养跨世纪的优秀体育人才，田径课程承担着重要职能。我国田径课程应紧跟学校体育思想发展趋势，构建竞技性与健身性相结合的田径教学内容体系。

在开发田径课程内容之前，需要对课程内容的含义有清晰的认知。课程内容包含的是每个学科中的具体事实、教育观点、技术动作原则、科研问题，以及解决这些问题的各种形式。一般情况下课程内容分为两类：①以系统形式为主组织而成的学科知识，特别是基本的学科知识和基础的技能；②实践知识，它与学科知识不同，没有系统的组织，也没有经过系统的处理。因此，课程内容的信息实体主要包含：具体事实、教育观点、技术动作原则、科研问题。

以田径项目来说，它的组成是非常多元的，包括田径的名称、田径的技术原理、田径项目练习的步骤、田径技术动作的规范、田径的教学经验、田径的教学实践知识，以及田径中的锻炼手段以及相关的技术动作，这些都必须通过练习和实践来实现。

（一）田径课程内容选择的方法

1.分类选择法

选择田径课程内容时，把选择的内容以既定的分类标准进行分类，并以类别的形式来选择课程内容，这种方法叫作分类选择法。在具体选择时，通常是在比较宏观的分类基础上，对田径课程内容进行分类，形成初步的选择依据，接下来，在相对具体的分类基础上再进行分类，反复重复分类，便构建出田径课程内容结构。以分类选择法得出的田径课程内容，可以以各种形式呈现，如图表或草图。这种方法具有一定的优势，它从宏观角度就能掌控体育项目的整体内容，突出内容的本质，为选择章节和某一单元课程的教学内容奠定了基础条件。它的缺点是不能彻底分析内容的精细结构，致使有机、相关的内容分割成碎片。在使用分类选择法时，应注意分类依据要科学，否则，一些内容可能被遗漏或造成重复。

2. 流程图选择法

流程图选择法是以田径课程最终的目标为核心，通过对内容进行细化研究与分析，进而落实田径课程内容的一种方法。这种方法来自“流程图分析”，“流程图分析”常见于企业单位的风险分析。企业单位的规模、形式越大，就会涉及越复杂的生产过程，利用“流程图分析”，能够突出这种方式的优势。同样的，田径课程内容不是一个单一的运动项目，而是由多个运动项目、多种田径理论知识构建而成的复杂结构，课程内容包含的是程序性知识、技能，所以，田径课程内容的选择，也可以参照“流程图分析”。

流程图选择法的优点是能直观地显示田径课程内容与内容上的关联性，田径内容结构是庞大且复杂的，“流程图分析”方法比单纯的文字结构更容易让教师和学生掌握田径内容，“流程图分析”方法构建的田径课程内容，其优点主要包括：完整、清晰、逻辑性强，缺点是过于复杂，耗时长。

（二）田径课程内容的组织原则

田径课程的内容通常由基础理论、基础技术训练两部分来组成。基础理论涵盖的内容有：田径概述、田径技术原理、田径训练的理论和方法、田径训练的理论和方法、田径比赛的组织、体育设施、科学研究。基础技术训练涵盖的内容有：短跑、跨栏、跳高、铅球、标枪，以及其他。这种以基础理论、基础技术训练为核心的组织形式，为教师的教学工作提供了教学便利，但没有考虑学生的具体需求、学习兴趣，造成学生在实际学习中知识和技能的不匹配，不利于学生的全面发展。因此，对田径课程内容的组织原则、组织方法进行研究非常有必要。

1. 知识与技能相结合

陈述性知识包括：田径名称、专有名词、概念、项目演进过程与趋势、项目特点、价值。

程序性知识包括：技术原理、动作规格或技术要求、教学方法、教学步骤、常见错误产生原因及纠正方法、训练方法、竞赛的组织与编排方法、场地的设计、布局方法。

战略性知识包括:教学方法的选择战略、教学组织战略、示范战略、讲解战略、分析教材战略。值得注意的是,各主体的运动技能知识归属到程序性知识原则中,是基于双重理解与认知的一种分类形式,即运动技能是人体按照一套规则进行的有意识的肌肉动作,这是田径课程与其他课程之间的差异。

在日常教学中的田径课程分类中,知识的难度由浅入深的顺序为:陈述性知识、程序性知识、策略性知识。因此,在田径课程设计的过程中应按照知识由浅入深的顺序安排课时。在田径课程中,技术动作与其他知识的学习之间的关系是不可分割的整体,它们之间互相促进、紧密联系。因此教师在田径课程设计的过程中,一定要注意知识与技术之间的结合。

2.知识序与认知序相结合

田径项目结构与体系中知识、技能的结合原则,实际上,田径教学中不容易实现的是,按照陈述性知识、程序性、策略性知识的这个顺序来进行教学。因此,教师在进行田径课程设计时,必须从多个角度阐明田径课程内容设计的原则。所谓认知序,指的是田径课程本身所固有的特性:逻辑性、系统性、顺序性、适当秩序。

从田径课程内容组织结构来看,认知序表现以不同类型田径知识内部的逻辑性、系统性、顺序性和关联性,与三类知识之间的逻辑性、系统性、顺序性和关联性的顺序为主。认知序代表的是学生在认知发展的过程中,表现出来的程序性和顺序性。

从课程内容角度来看,认知序表现的形式是学生对不同类型体育内容的认知规律,其中包括:从已知体育内容到未知体育内容,从简单体育内容到复杂体育内容,从具体体育内容到抽象体育内容,从感性体育内容到理性体育内容等。

因此,知识序与认知序在体育项目内容的组织上是从不同的角度来看的。因此,教师在田径课程设计课程内容时,不仅要考虑田径课程内容本身的排序,还要考虑学生认知能力的排序,实现知识排序和认知排序的有效结合,这样才能更好地组织田径课程内容。

3.理论与实践相结合原则

理论是从理性认知的角度,系统化概念理论的体系,其自身的特征是系统性、全面性以及逻辑性。实践,可以被看作是一种感性物质活动,用于基于某种目的的,用来改造世界的一种活动形式,其自身的特征是历史性、客观性以及能动性。所以,田径课程中由知识和技能结合形成的完整的、体系式的、逻辑性的内容可以概括为“田径理论”,学生对所接受理论的实际应用,则是实践。

现阶段,田径课程的教学更注重理论的学习,相对来说,实践环节的课时安排和研究都不够,原因是现阶段田径课程的内容缺乏实践单元。从培养学生的田径运动能力、未来田径教师的专业教学需要来看,实践具有非常重要的意义。

教师在组织田径课程内容时,不仅要考虑田径理论的整体特点,还要开发一些实践单元,以提高学生的实践能力。在田径课程内容组织上,要以理论与实践相结合为基本原则。

第二节 田径课程的教学设计与教案编写

一、田径课程的教学设计

田径课程的教学设计对学生身体素质的全面发展和健康成长具有重要意义。有效的田径教学设计不仅有助于培养学生的体能、协调性和运动技能,还能激发学生对运动的兴趣,促进他们形成积极的运动习惯。因此,在田径课程的教学设计中，需要综合考虑多个因素，确保教学目标得以全面实现。

第一，教学设计应明确课程目标。田径课程的目标包括发展学生的体育技能、培养合作精神、提高身体素质等方面。在确定目标时，需要考虑学生的年龄、性别、体能水平等差异，确保目标既具有挑战性，又能满足不同学生的需求。

第二，教学设计应合理安排教学内容和方法。田径项目繁多，包括跑步、跳远、跳高、投掷等多个方面，因此需要根据学生的年级和学科要求，选择合适的项目进行教学。在教学方法上，可以采用示范、模仿、引导等多种手段，帮助学生理解和掌握技能。

第三，注重课程的渐进性和系统性。田径课程的教学设计应当具有层次性，逐步引导学生从基础技能到复杂技能的发展。同时，要保证田径课程的系统性，使得各个环节能够有机地连接起来，形成完整的教学体系。

第四，教学设计还应关注个性化和差异化。在田径课程中，每个学生的体能水平和兴趣爱好各异，因此需要根据学生的个体差异，灵活调整教学内容和方法，提供个性化的指导和培养方案。

第五，评价与反馈是田径课程教学设计中不可忽视的环节。通过定期的测评和反馈机制，可以及时了解学生的学习情况，为调整教学策略提供依据。

总体而言，田径课程的教学设计应当注重目标明确、内容合理、渐进系统、个性化差异化以及评价与反馈等方面，以推进学生在田径运动中全面发展，培养其终身运动的兴趣和习惯。

二、田径课程的教案编写

田径运动的教学是按照教学大纲规定的教学任务、教学内容、教学时数和具体要求进行的，以增强学生的体质为主，使学生树立起“健康第一”

的思想，养成终身锻炼的习惯。同时使学生掌握田径运动的理论知识、技术和技能，并通过教学培养学生的思想道德品质及良好的体育风尚，使学生成为优秀人才。

教案亦称课时计划，它是教师根据学期和单元教学工作计划的要求，结合班级具体情况编写的每节课的具体执行计划，是教师上课的依据。

编写教案属于课前准备工作之一，备课是精心设计教案的前提，只有认真备课才能设计出高质量的教案。

（一）田径教案编写的内容

编写教案是教师经常要做的一项工作。编写教案必须认真负责，教案是根据教学进度和计划，结合学生的实际、场地器材情况、时令变化情况、班级人数等客观因素编写的。

教案编写包括：①提出本节课的任务和要求；②本节课的教学内容；③所采用的教学方法和步骤；④课的组织方法；⑤课程的重点、难点；⑥各项练习的顺序、时间与次数；⑦需用的场地和器材。

应当注意的是，不同类型的课程，在具体编写教案时会有不同的侧重。

（二）田径教案编写的步骤

1. 确定好课的任务

课的任务一般应包括教学、训练和教育三个方面，即教学大纲规定的三项基本任务（传授知识、技术技能、增强体质和思想品德教育）。确定课程的任务，应根据教材的特点和学生的实际情况而定，做到既全面又具体，符合教学进度要求，从而使大多数学生经过努力可以达到任务的要求。同时，任务要明确具体，从教案中不仅可以反映出课的类型（所授课、复习课、巩固提高课、考核课等），而且通过教案的具体实施，也可以反映教学任务要求。

2. 安排课程的教材

根据确定的课程任务和学生的实际情况，首先，应安排好基本部分的主要教材；其次，根据基本部分教材的需要，对准备部分和结束部分的内容进行认真选择和合理安排，以保证课的任务的实现。

（1）深入钻研教材。教师只有熟悉教材、掌握教材，才能编写出高质量的教案，完成教学任务。因此，要做到合理安排课程的各项教材，要认真学习教学大纲，深入了解教材的内容和目的要求，分析教材的特点，考虑每项教材自身的系统性，及其与其他教材的相互关系，确定教材的重点、难点和关键，掌握教材的规格、要领。只有这样，才能科学、合理地编写出好的教案。

（2）安排教材的教学顺序。根据学生的认识规律和身体机能活动的特点，在一节田径课中，教材安排的顺序是：把新教材和技术比较复杂的教材安排在复习教材或容易引起兴趣的教材之前，这样有利于学生以充沛的精力学习新的或比较难的教材，有利于保证新教材教学任务的完成。把发展速度的灵敏性的教材安排在先，而将发展力量的耐力的教材安排在后，以免引起疲劳，影响学习效果。另外，对运动量大小不同的教材，则应根据人体生理机能活动能力的变化规律，将运动负荷较小的教材安排在前面，将运动负荷较大的教材安排在后面。

（3）选择必要的辅助教材。根据课程的任务、主要教材的性质和学生的具体情况，正确地选择必要的辅助教材与安排一些辅助性练习、诱导性练习和提高身体素质的练习等，对完成主要教材的教学任务十分有益。如从一个项目转到另一个项目，应该做些有针对性的准备练习或诱导性、模仿性练习。特别是在进行跳高、掷铁饼、跨栏跑等比较复杂的技术教学之前，或在进行较大强度的跑、跳练习之前，都应充分做好准备活动。选择必要的辅助教材，进行辅助性、模仿性的练习，会更有利于提高学生的兴奋性和灵活性，有利于掌握运动技术，提高教学效果，防止运动损伤。

3.选择教学组织形式

一节课能否上好，与课堂的教学组织形式有着密切的关系。组织得严密合理，就可使课堂教学进行得有条不紊。不仅有利于培养学生的组织纪律性，而且有利于充分发挥学生学习的积极性、主动性，提升教学效果。组织方法很多，但一定要针对不同情况，选择合理的教学组织形式。目前大多采用的分组轮换与分组不轮换两种形式来说，都是根据实际情况而定的。在场地条件许可的情况下，可采取分组不轮换的形式，以便于教师集中指导。场地条件较差需要采取分组轮换时，教师对主要教材和次要教材分别提出教学要求。特别是对自觉性较差的低年级学生，更要提出严格要求，以免影响教学效果。对于提高身体素质的练习，可以采取流水作业和循环练习的组织形式进行。

此外，每节课后认真做好小结，一方面了解学生对知识的掌握情况，另一方面检查教师本身组织是否合理，方法是否妥当，将今后改进的意见等写在教案的小结栏内，以供下次备课和编写教案时参考。

第三节 运动视频图像处理技术在田径教学中的应用

随着我国近年来竞技体育科学化训练事业的不断发展，运动视频图像处理技术在体育科研攻关和服务中的应用更加广泛，促使我国竞技水平不断提高。田径课程作为体育教育专业的必修课程和核心课程，依然采用传统的教学模式，不利于学生专业技能的提升。视频图像处理技术作为竞技领域重要的科研手段之一，将其运用到田径教学中，有助于学生对动作的认知更加清晰准确，对田径教学有着积极的意义。

一、运动视频图像处理技术

视频图像是人们利用各种工具以不同的形式和手段观测客观世界而获得的，它可以直接或间接作用于人眼，并产生视知觉的实体，从而形成了人眼观察到的静态图片或动态视频。视频图像处理技术就是对视频图像处理的总称,包括对视频图像的实物处理技术和相关的视频图像处理、软硬件开发与应用等。

在竞技领域中,运动员平时训练和大型比赛都会有科研人员跟队,采用专业摄像机进行数据采集,运用专业运动视频图像处理的软件,例如对技战术分析的NAC视频分析软件,对运动视频进行多维度分析的Activision、Dart fish软件,将平时训练时分析的数据与大型比赛中分析的数据反馈给教练,使教练有针对性地指导训练。

在冰雪项目教学中,利用视频处理图像技术可以使学生建立正确的动作表象,有效地纠正学生的错误技术动作,使学生个体获得速度滑冰技术动作的真实图像资料,让学生能在较短的时间内掌握正确技术动作;将视频图像处理技术应用到运动技能学习中,能为各阶段要完成的具体任务提供丰富的反馈信息,为运动技能学习提供科学化工具,推进体育技能学习兴趣化、科学化和娱乐化。在体育教学过程中,如果学生训练后能立即看到自己的技术动作,将语言式的训练指导变成直观的图像,教师现场进行指导,同时采用专业软件分析学生的各项技术参数,给学生训练提供指导和建议,这些都会极大地提高体育教学效果。

二、运动视频图像在田径教学中的常用采集方法

田径科研领域中,采集方法的选择对于准确获取运动员技术动作的数据至关重要。在学校田径教学中,由于主要侧重技能的学习,平面采集方法成为最为实用的选择。平面采集包括多种方法,其中平面定点定焦采集、平面定点变焦采集、平面定点定焦扫描采集是较为常见的三种方法。

首先,平面定点定焦采集是田径教学中最为常用的一种方法。在此采集方法中,需要保证采集距离不低于25米,视角宽度不低于8米。这种方法适用于几乎所有田径项目,特别是对于一些运动距离较短的项目,比如铅球和铁饼等。在田径教学中,采用平面定点定焦采集可以全程记录技术动作,

为学生提供详细的学习素材。

其次,平面定点变焦采集主要用于跳跃类项目。在这种采集方法中,镜头由远到近地拍摄运动员,适用于背越式跳高、挺身式跳远等项目。采用平面定点变焦采集时,镜头随着运动员起跳逐渐拉近,对主要技术动作进行放大特写,从而更清晰地呈现运动员的动作细节,为学生提供更为精细的学习资料。

最后,平面定点定焦扫描采集则主要针对运动员正面或侧面进行全过程的视频采集。在这种采集方式下,镜头会跟随运动员由远到近,再由近到远进行扫描。这种方法适用于一些长距离项目,如挺身式跳远、标枪投掷、跨栏等。通过平面定点定焦扫描采集,可以全面记录学生在整个项目中的技术动作,为教学提供详尽的数据支持,有助于分析和改进学生的运动技能。

综合而言,平面采集方法在学校田径教学中具有广泛的适用性,不仅能够全程记录运动员的技术动作,还能够通过不同的方式对动作进行特写和扫描,为学生提供更为详细的学习素材,以提高他们在田径运动中的技术技能。

三、运动视频图像处理技术在田径教学中的应用方式

（一）运动视频实时反馈方式

学生在获取知识的过程中,仅仅依靠听觉或者视觉,其信息保持率较低。据研究显示,学生在仅通过听觉获取知识的情况下,三个小时仅能保持70%,而三天后,这一比例会降至10%。学生仅通过视觉获取知识时,三个小时仅能保持20%,三天后为10%。然而,若将听觉与视觉相结合,学生能够在三个小时后保持85%的信息,而且在三天后仍可保持65%的信息。在田径教学中,为了提高学习效果,采用视听结合的方式显得尤为关键。

在运动视频图像处理技术的支持下,将采集视频的机器与多媒体显示

器相连接，通过运动视频中的慢动作回放，能够实现对学生练习过程的实时、直观、同步反馈。这种方法有助于学生建立视觉—本体感觉—肌肉运动之间的关联，从而提高动作技能水平。同时，教师可以在视频回放的过程中进行辅助讲解，强调动作要点，使学生在视听结合的环境中更加深刻地理解和掌握教学内容。

例如，在背越式跳高教学中，起跳过竿动作是至关重要的一环。仅通过教师的讲解和学生的练习，很难确保学生形成正确的动作认知。然而，通过运动视频的慢动作回放，可以有效纠正学生的错误动作，帮助他们更清晰地理解正确的动作技巧。这种实时反馈的方式有助于学生形成准确而深刻的动作印象，提高其运动技能水平。因此，运动视频图像处理技术的运用在田径教学中，通过实时反馈方式，为学生提供了更为直观、有效地学习体验，从而最大限度提高学习效率。

（二）运动视频图像处理反馈方式

在运动视频图像处理技术的应用中，采用不同的反馈方式有助于深入挖掘学生的运动潜能，并通过专业的处理提供更为详细和有针对性地反馈。

对于采集到的视频可以根据需要制作成任意播放速度，以便更好地反馈给学生。通过慢动作或快进等方式，学生能够更仔细地观察每一个动作的细节，更好地理解和掌握技术要点。此外，将学生在连续多个技术动作关键时刻的截图提取，合成一个完整的技术图片，有助于在一个画面内更加清晰地观察运动技术的连续变化。这种图片的制作使得学生可以全面、系统地了解自己的动作表现，进而有针对性地进行练习。

通过将采集的图像与专业的运动员进行比对，学生能够更直观地发现自身在某个技术动作要点上的不足。这种对比分析可以为学生提供直观的视觉反馈，帮助他们理解和模仿专业运动员的正确表现，从而更好地提升自己的运动技能水平。

运动视频图像的后期处理对于教师的专业技术要求较高。教师需要能够熟练使用相关软件,对图像进行合理编辑和处理,以确保反馈的准确性和有效性。尽管这可能增加了教师的工作量,但通过筛选简便易操作的软件,可以有效减轻教师的负担,提高整个教学的效率。

以挺身式跳远为例,在腾空步练习过程中,通过将学生多次练习时的图片进行剪辑和比对,不仅能够指出学生常犯的错误,还能够准确记录学生在哪些方面有进步。这样的多图比较有助于学生形成清晰的动作表现,帮助他们更好地掌握正确的技术动作。总体而言,通过图像处理反馈方式,运动视频技术在田径教学中能够更全面、深入地促进学生动作技术的提升。

四、运动视频图像处理技术在田径教学中的应用建议

第一,提高认识,加大设备资源投入。运动视频图像处理技术作为竞技领域常用的手段之一,其设备和专业软件的成本很高,大多数院校在田径教学中,对这种技术认识程度不足,依然采用传统的教学方式,认为没有必要花费大量资金去购买相关设备和软件。但是随着科学技术的发展,传统的教学方式弊端逐渐显露,加大设备资源投入,购买专业软件,将视频图像处理技术运用到田径教学中,能够极大提升教学效果,促进学生运动技能水平的提高。

第二,定期培训,培养教师运用运动视频图像处理技术的能力。运动视频图像的采集、技术的处理都需要教师拥有专业的摄像机操作技术和计算机操控技术,专业软件的使用技术也是教师所必备的。国家体育总局科研人员自主开发"教练眼"(CoachEyes)软件,并将其应用到竞技体育领域,曾多次到各大体育院校讲解运动视频图像处理技术的应用。在田径教学领域可以邀请相关科研人员对教师进行设备使用、视频图像采集和专业软件使用的培训,让教师掌握此种技术能力,并运用到田径教学中。随着社会的进步,设备和软件更新换代的速度加快,对于教师而言,要定期参加培训,不断

更新知识库。

第三，课堂教学，利用移动终端设备。露天田径场作为田径教学的主阵地，大型设备的运用和管理很烦琐，移动便携式录像采集和图像处理系统能够可以很好地解决此类问题。这种系统是由带有计算机、摄像机和专业的录像分析和图像处理软件所构成，移动终端设备的使用，能够极大地提高教师工作效率和学生学习效率。

科技作为21世纪最伟大的成果，将其应用到体育教学中变得越来越重要。在田径教学中，专业技能的学习显得尤为重要，但是其设备和专业软件的价格昂贵，专业技术要求较高，不能很好地投入使用。

目前，针对田径教学领域特点和学校资金状况，开发便捷实用、方便携带、价格低廉、功能齐全的视频图像采集专业软件，并投入教学中，对于学生的专业技能学习能够起到很好的助推作用。随着我国社会经济的发展，对教育事业的加大投入，运动视频图像处理技术在学校中的应用将越来越广泛。

第七章 智慧体育教学的课堂实践——休闲课程

第一节 基于智慧体育平台的轮滑课程实践

一、轮滑运动的分类及特点

（一）滑轮运动的分类

第一，速度轮滑。速度轮滑是运动员脚穿单排轮或双排轮，在轮滑场地内或公路上进行比赛，在规定的距离内以时间的多少决定名次的运动项目。速度轮滑还是一项考验体能的竞赛项目，比赛时不分跑道，除短距离的场地计时赛采用单独出发的方式外，多数比赛都采用集体出发的形式。

在世界锦标赛上，场地跑道正式比赛距离为300米计时赛，500米淘汰赛，1000米、5000米、10000米、20000米积分赛；公路比赛包括女子21000米半程马拉松赛、男子42000米马拉松赛。场地跑道和室内场地自行车赛场一样呈盆形。比赛形式多样，有逆时针跑圈赛、淘汰赛、规定路线比赛、定时赛、记分比赛、接力赛、分段比赛和追逐赛等。

第二，花样轮滑。花样轮滑源自花样滑冰，是运动员脚穿轮滑鞋，在轮滑场地根据音乐的伴奏，进行各种曲线、步伐、跳跃、转体、旋转、舞蹈动作的滑行，所以花样轮滑是一项体育与艺术相结合的表演性运动项目。花样轮滑分为规定图形滑、自由滑、双人滑和双人舞。比赛在不小于50米长、25米宽的场地上进行。根据动作的难度、舞姿的优美度评分来确定名次。

第三，轮滑球。轮滑球是一项球类的轮滑运动，看上去像是冰球和曲棍球的结合体，比赛打法和冰球十分接近，运动员穿着双排轮或单排轮进行比赛，比赛双方各派四名运动员和一名守门员上场。和冰球运动类似，运动员脚穿轮滑鞋，手执球杆，在一块长方形水泥地或花岗石制成的硬地球场上进行比赛。比赛用球形如棒球，运动员运球、传球，通过团队协作把球攻入对方球门，进一次得1分，整场比赛中得分多的队伍为胜者。

第四，极限轮滑。极限轮滑是运动员脚穿轮滑鞋，在轮滑场地内的各种道具上进行各种高难度而又十分惊险的滑行、跳跃、转体、翻转等动作。极限轮滑有极限运动的魅力，是一项刺激、高难度、技巧性极强的表演性项目，它是轮滑竞技项目中观赏性最强、最受关注的一项运动项目。极限轮滑目前受到年轻人的广泛追捧，主要分为街式和专业场地，专业场地分道具赛和半管赛。

第五，滑板。滑板是运动员双脚踏一块底下有四个轮子的特制板，在轮滑场地内的各种设施和道具上进行各种惊险的滑行、跳跃、转体、翻转等动作，也是一项刺激、高难度、技巧性极强的表演性运动项目。在极限运动中，所有动作都由运动员自由选择、自由发挥、自由展示，只要是他们能做到的都可以去做，因此滑板项目出现很多独特而创新的技巧和动作。

第六，轮滑速降。轮滑速降同样是一项惊险、刺激、技巧性极强、难度大的运动项目。在轮滑速降中，运动员脚穿单排轮轮滑鞋，从陡峭的高坡上快速往下滑，有的比赛还需运动员绕障碍物做回转式滑下，类似于高山滑雪，以速度取胜。

第七，休闲轮滑。休闲轮滑，是以休闲健身为主要目的，是一项结合娱乐和运动的运动项目。在这种轮滑形式中，人们通常选择舒适的轮滑鞋，以轻松滑行在平坦的场地上，如滑板场、公园道路或专门的休闲轮滑场地。休闲轮滑注重的是放松身心，享受轻松的运动，同时保持身体的灵活性和耐力。休闲轮滑适合各个年龄段的人群，不仅能够锻炼身体，还能增强社交能力,成为一种受欢迎的休闲活动。

第八,自由式轮滑。自由式轮滑是一种由多种轮滑形式混合衍生出的特殊轮滑形式,集合了休闲、刷街、花式跳跃、花式刹车、速降、旋转等元素。这种轮滑形式要求运动员具备较高的技巧和创造力,可以在滑板场、城市街头,甚至半管道等各种环境中展示各种花式动作。自由式轮滑不仅考验个体的平衡和协调能力,还需要创造性地将各种技巧结合起来,形成独特而富有表现力的动作。自由式轮滑不仅是一项运动,更是一门艺术,为运动员提供展示个性和创意的平台。

(二)滑轮运动的特点

1.灵活性

随着轮滑技能的提高,灵活性成为吸引人的另一特点。能够自如地滑行、转弯,掌握各种高难度技巧,让轮滑运动在发展过程中展现出多样性与挑战性。这种灵活性使学习者不断追求更高水平的技术,激发了他们对轮滑的热情。对于喜欢挑战的个体而言,轮滑提供了一个持续学习、不断进步的平台,使其不仅仅把轮滑当作一项运动,更将其视为一种艺术。

除了在专业场馆,轮滑运动的灵活性也表现在其适应性上。由于只需要一个相对较小、光滑的场地,轮滑可以在各种场合进行,例如酒店、商场、体育店铺等。轮滑表演可以成为商家吸引顾客的亮点,甚至在各类活动中作为独特而引人注目的节目出现。这种适应性不仅丰富了轮滑运动的表现形式,也为爱好者提供了更广泛的展示与交流平台。

2.趣味性

轮滑运动具有很高的趣味性。当人开始学习轮滑时,对于轻轻一蹬,即能轻松向前滑行,会产生很强的兴趣和继续学习的欲望。每一次成功的滑行都会激发学习者的兴趣,使其感受无限的乐趣与满足感。这种初学阶段的趣味性是轮滑运动成为一项受欢迎的运动的重要因素之一。

3. 工具性

轮滑运动的工具性使其成为一项极具便捷性和灵活性的运动。相较于传统运动项目，轮滑所需的工具非常简单，主要依赖于轮滑鞋，无须复杂的场地或设备。这一特点使得轮滑运动更易于学习和参与。轮滑鞋的设计注重灵活性，让运动者可以在城市中的任何平坦地面上自由滑行，从而增加了运动的灵活性和娱乐性。

4. 安全性

安全性在轮滑运动中占据着至关重要的地位。为了确保运动者在滑行过程中不受伤害，轮滑鞋通常采用设计稳定性强的底盘和合适的刹车系统。这样的设计可以有效减少滑行时的不稳定因素，提高运动者的控制能力，降低发生意外的风险。此外，为了最大程度地减轻潜在的伤害，轮滑运动者通常佩戴护具，如头盔、护膝、护肘等。这一细致入微地关注安全细节使得轮滑运动成为一项更为安全的娱乐活动，进而吸引了更多人积极加入这一运动。

5. 观赏性

轮滑运动具有很高的观赏性，不仅可以让运动者具有成就感，也能为观众提供精彩的表演。运动者在滑行过程中展现的高超技艺、流畅动作和独特风格，成为一种视觉享受，吸引了大量观众。

此外，轮滑运动往往与音乐、灯光等元素相结合，形成富有艺术感的表演。比如，在轮滑比赛或表演中，运动员可能会根据音乐的节奏进行精妙的动作配合，增强了整体的艺术效果，使轮滑运动更具观赏性。

二、O2O混合式教学应用于轮滑课程的优势

（一）创新教学模式

O2O（线上到线下）混合式教学模式结合了线上教育和线下教育的优势，为学生提供了更加灵活、多样化的学习体验，对于教学的发展具有重要意

义。O2O混合式教学模式秉承“以学生为主体,教师为主导”的教学理念,将传统课堂学习与数字化学习有机结合,实现教学资源的优化配置。这一模式不仅能够体现学生的主体地位,满足个性化学习需求,也能够满足体育教学实践的需求。在面授课堂中,这种教学模式能够提高教学效率与活力,同时在在线资源的利用方面实现最大化,从而切实推动轮滑课程的教学改革与发展。

智慧体育平台作为信息化和资源共建共享的教学手段,在轮滑课程中为教师和学生提供了全方位的支持。这种平台与O2O教学模式相结合,不仅令教学更加便捷高效,还发挥了指导和监督的作用。特别是对于体育教育专业学生,这一模式更有助于提升其专业技能和信息素养水平。通过智慧体育平台,学生能够更灵活地获取学习资源,实现个性化学习路径,取得更好的学习效果。

(二)提高技能学习效率

提高技能学习效率是轮滑课程中O2O混合式教学模式的一项显著优势。传统教学更加注重学生对动作技能基本掌握的学习,难以满足学生对更高水平学习的需求。同时,在教学过程中,针对一些高难度动作的学习和错误动作的纠正,仅仅依赖教师的示范讲解往往难以给予学生直观感受。

相较于传统轮滑课堂,O2O混合式教学模式依托信息传递,实现了对面授课堂的提质增效。在这一模式中,学生得以充分利用线上平台提供的丰富视频资源,通过慢放、暂停和重播等功能,反复观看示范动作视频。这种操作使得学生能够详细了解动作的细节,学习分解动作的方法。通过这种学习方式,学生能够更加深入地理解动作的执行过程,从而迅速建立正确的动作表象。这对于提高技能学习的效率和轮滑教学的质量起到了积极的作用。

通过O2O混合式教学模式,学生可以根据自己的时间和学习情况进行个性化学习。这种个性化的学习方式不仅有助于提高学生对轮滑技能的理解，还能够在较短时间内提高其实际操作水平。因此，O2O混合式教学模式在提高技能学习效率方面发挥了重要作用，为轮滑课程的教学质量提升提供了有力支持。

（三）重构多元评价体系

在O2O混合式教学模式下，重构多元评价体系对于提升轮滑课程的教学效果至关重要。多元、完善的教学评价体系有助于在一定程度上提高学生的学习效果。在这一模式下，轮滑教师可以借助智慧体育平台，通过布置章节测验或小组作业等作为评价的一部分，同时根据每个学生的学习情况建立个人成长档案。

通过这种评价方式，教师能够真正关注学生的学习情况，纵向对比每个学生的进步情况。相较于传统评价方法，这种评价方式能对学生的学习作出更加科学的评价，避免了一味根据统一标准或在班级内横向比较的问题。这种评价方式能够提高学生的学习积极性，使学生在轮滑课程中能够拥有更多的成就感，从而积极主动地学习。

此外，课后学生可以将练习视频上传至作业区，其他学生和教师可以对练习视频进行评价和指导。这种方式实现了学生自评、互评和教师评价的有机融合，为学生提供了更多学习的机会。将线上视频课程的记录、章节测验情况、讨论参与情况、课后作业完成情况以及学生的进步情况等纳入评价系统，更好地实现了过程性评价。这样的评价体系不仅更贴近O2O混合式教学模式的需求，也为轮滑课程提供了更全面、具体的评价标准，促进了学生运动水平的提高。

（四）实现资源共享

智慧体育平台作为一个集成了海量资源系统、教学管理系统、学校教学系统、互动系统等功能子系统的综合性平台，在O2O教学模式下发挥了其强大的资源共享优势。这一平台为偏远地区或未开设轮滑课程的学生提供了独特的机会,使学生能够自主学习轮滑理论知识和技术动作,满足他们的学习需求和提升需求。同时,专业院校的轮滑教师也能够将规范准确的技术动作录制成视频上传平台,将这些宝贵的资源推送给学生,供学生观看和学习。

资源共享不仅为学生提供了更为灵活的学习机会,还能打破地域限制,为轮滑课程的传播提供了更广泛的途径。特别是在一些偏远地区,由于师资力量和课程设置的不足,学生难以获得高质量的轮滑教育,而借助智慧体育平台,学生可以获得丰富的轮滑教学资源,可以进行自主学习。

对于专业院校的轮滑教师而言,资源共享也能促进教师专业水平的提升。他们可以分享自己的教学经验和规范动作,同时能够观摩其他教师的教学成果,从而促进轮滑教育质量的提高。此外,对于非轮滑专业的教师或中小学教师,他们也能够借助这些视频资源进行备课或推送给学生学习,弥补了一些学校轮滑专业师资不足、师资教学质量不高的问题。资源共享不仅实现了教育资源的优化配置,也能促进轮滑课程的发展。

三、智慧平台O2O混合式模式下轮滑课程的实施

(一)课前:线上任务导向

在课前准备阶段,采用线上任务导向的方式可以有效促进学生在轮滑课程中的自主学习。在教师对于课程中简单、基础或扩充性内容的教学准备中,可以通过制作或搜集教学视频等资源,并将这些资源整理成一份任务清单,推送给学生,让学生进行自学。这个任务清单可以包含学生的具体任务、学习目标以及相应的学习材料。

为了确保学生能够全程集中注意力,教学视频的长度应该控制在5分钟以内。这样的设计能够有效避免学生在观看过程中产生疲劳感,提高他们对视频内容的理解和吸收程度。通过课前线上预习,学生能够对本节课的内容建立初步的认知和直观印象,为后续的课堂学习打下坚实的基础。这

种任务导向的学习方式有助于激发学生的学习兴趣，培养其自主学习的能力。学生在自学过程中遇到的问题可以记录下来，在线下课堂中进行讨论研究。此外，通过在线上的交流互动模块，学生可以方便地与教师或同学进行互动，促进学生在自主学习过程中的交流与合作。

（二）课中：线下引导探究

在课中的线下引导探究阶段，教师通过对线上预习情况的简要总结，为学生创造了一个以实际操作为主的学习环境。由于学生在课前已经通过在线学习了本节课的理论知识和技术动作，课程基本部分开始时教师可以让学生按照预习的内容进行实际练习。在这个阶段，教师的主要任务是观察学生的练习情况，引导他们发现存在的问题，并通过小组合作和探究式学习方式尝试解决问题。

通过在学生实际练习中引导发现问题，教师可以激发学生的主动学习意愿，推动他们在小组合作中共同解决问题。教师可以集中讲解共性问题，深化学生对技术动作的理解和实际体验。在这个过程中，教师通过设置问题情境，激发学生的内在学习动机，推进导学与自学并行，建立起教师引导—学生自主探索—合作探索—教师指导纠错的闭合学习链。这种学生分组探讨预习中出现的问题，并利用智能手机拍摄练习过程，共同指导纠错的方式，促进了学生之间的互动和协作。

另外，教师可以通过智慧体育平台配套的可穿戴运动手环进行实时监控。通过监控学生的运动强度、心率曲线等各项指标，教师能够根据学生的体质进行分层教学，避免低素质学生进行大负荷训练的运动风险。实时调整课堂节奏，降低运动事故风险，确保轮滑课程的安全性和有效性。这种个性化的教学方式不仅有助于提高学生的学习效果，还能够更好地关注学生的身体状况，保障学生的身体健康。

（三）课后：线上监督反馈

课后采用线上监督反馈的方式能够更全面地了解学生的学习情况，实现个性化的指导和评价。

首先,教师可以借助智慧体育平台发布作业信息,通过查看学生的作业完成情况,及时了解每位学生在课后的学习情况。教师可以根据学生的视频作业进行个性化指导,解答他们在练习中产生的疑惑,提供专业的建议。同时,鼓励学生在讨论区发布练习视频,实现自评、他评和师评的有效结合。这样的反馈机制有助于促进学生在轮滑技能上的不断提高,激发了他们对学习的积极性。

其次,智慧体育平台提供了AI动作识别功能,学生在课后进行练习时,系统能够自动识别学生的动作并进行评分。这种功能有助于学生在独立练习时获得及时的反馈,指导他们更加准确地掌握轮滑技能,同时提升了学生的自主学习能力。

O2O混合式教学模式充分发挥了智慧体育平台的优势,实现了线上与线下的有效衔接。这种模式不仅有助于教师了解学生的学习情况,还能科学监测教学效果和学生的学习情况。这种教学模式能够使轮滑课的教学质量得以提升,从而更好地促进学生的体质健康水平得到提高。

随着O2O混合式教学模式的推广和智慧体育平台功能的不断优化,将为轮滑课程提供更丰富的教学资源和案例参考。同时,O2O混合式教学模式满足了更多学生自主学习和自我提升的需求,有望推动学校课程改革,为轮滑课程的发展打开更广阔的前景。

第二节 慕课模式下健美操教学的过程设计

一、健美操运动的特点与功能

(一)健美操运动的特点

第一,健美操以其高度的全身性运动脱颖而出。健美操能够涵盖身体各个部位的运动，实现全面的肌肉锻炼。这对学生来说尤为重要，因为在其日常学习和课外活动中，全身性的运动可以有效缓解身体紧张度，促进血液循环，增强身体的协调性。

第二，健美操运动与音乐紧密结合，形成独特的动感氛围。音乐不仅为运动提供了欢快的氛围，还有助于学生保持良好的节奏感和协调性。

第三，健美操运动着重强调身体的柔韧性和灵活性。通过各种舞蹈动作和拉伸动作，学生可以提高关节的活动范围，增强肌肉的柔软性，降低运动中的受伤风险。这对于长时间坐在桌前学习的学生来说，具有预防运动损伤的效果，有助于维持身体的良好状态。

第四，健美操运动还强调团队协作和社交性。在健美操运动中，学生需要相互配合，保持一致的节奏和步伐，从而培养了集体荣誉感和协作精神。这种团队性质不仅促进了学生之间的友谊，还培养了学生的合作能力。

综上所述，健美操运动以其全身性、动感氛围、柔韧性和团队协作性等特点，成为学生热衷参与的一项体育活动。通过参与健美操运动，学生不仅能够获得身体上的锻炼，还能够培养学生的团队协作意识和提高审美水平，对于学生的身心健康具有积极的意义。

（二）健美操运动的功能

1.健身功能

(1)健美操运动推动运动系统的发展。健美操运动不仅能够提升关节的灵活度，还能在一定程度上增加肌肉力量，有效避免肌肉拉伤和韧带拉伤的发生。

(2)健美操运动能增强身体的心血管健康和循环功能。这种有氧运动进一步加快人体心血管循环，提高新陈代谢水平，对促进身体健康产生积极影响。

(3)健美操运动能提高消化系统的机能。由于健美操中的髋部全方位活动较多，因此，这能有效地刺激肠胃蠕动，增强消化机能，有助于营养物质的吸收和利用，从而提高对疾病的抵抗能力。

(4)健美操运动对呼吸系统的机能也有良好的影响。它能使呼吸肌变得强壮有力，使人体安静时的呼吸加深、次数减少，运动时吸氧量增大，从而大大提高机体的有氧代谢能力。

2.益智功能

健美操运动在一定程度上对大脑的机能状况和物质结构产生积极影响，从而培养出超强的记忆力、敏锐的观察力、丰富的想象力以及创新的思维能力，推动了智力开发。在进行健美操运动时，大脑中的氧气和能源物质供应充足，促使大脑神经细胞更快地生长发育。

健美操运动的多样性和丰富性使得大脑在接收信息时保持活跃状态。各种动作需要学习者灵活运用身体，这激发了大脑皮层细胞的活跃度，从而改善了大脑神经系统的功能。

3.改善体形

健美操的独到之处，是它可以对身体比例的均衡产生积极影响，特别是能增加胸背肌肉的体积，消除腰腹部沉积的多余脂肪，使体态变得丰满、线条变得优美。此外，通过经常性正确的形体动作训练，还能矫正不正确的身体姿势，培养正确端庄的体态，使锻炼者的形体和举止风度发生良好的变化。

4.调节心理

健美操是在音乐伴奏下进行的身体练习。人们在欢乐的气氛中进行锻炼，不仅心情愉快，能很快忘却烦恼，身心得到全面调节，而且精神面貌和气质修养都会有所改善和提高。特别是健美操是一种群体运动，在集体场所进行锻炼，还能使练习者体验到个人与集体的关系，起到协调人与人之间关系的作用。通过集体配合练习，还有助于增进友谊，结交朋友，增强群体意识。

二、健美操教学的理念与发展趋势

（一）健美操教学的理念

第一,“以学生为本”教学理念,推动改革发展。在改革中国高等教育过程中,一定要坚定不移地将“以学生为本”作为教学理念。坚持“以学生为本”具有多重优点,一方面可以促使学生自身的优点、潜能得到发挥,促使自身的积极性得到极大程度地发挥;另一方面也可以促使学生个性化的需求得到满足,促使学生实践的主动性得到发掘。在具体开展健美操教学的过程中,教师应根据学生的具体情况进行教学。即依据学生的心理以及生理发展情况有针对性地安排教学内容和进度,逐步提高学生对健美操这项运动的理解和兴趣,提升健美操教学的质量以及效率。

第二,培养学生终身体育精神的理念。任意一项体育运动无一不以培养学生形成终身体育的意识为目标。当今,中国所提倡的全面健身便是“终身体育”的最好体现。在改革体育教学的实践过程中,坚持终身体育的指导理念,将进一步提升学生的身体以及心理素质作为教学目标,通过营造良好的学习氛围来刺激学生的学习激情。

（二）健美操教学的发展趋势

第一,体育多样化发展的趋势愈发鲜明。在体育教学中,学生个体的体育需求变得更加多样化。为了满足不同学生的需求,体育教学注重提供多元化的教学内容和教学方法。学生在不同阶段、不同背景下对体育的需求有所不同,涵盖健身、心理调理、特长发展等方面。因此,健美操教学应当更加灵活,适应不同学生的需求,实现体育教学的多样性。

第二,对终身体育教育的关注度逐渐提高。现代健美操教学更加强调培养学生形成终身体育锻炼的意识和习惯。目标是使学生在日后的生活中能够自主进行体育锻炼,持续享受健康的生活。在体育教学改革中,关注学生健康和提升体质不是一蹴而就的，而是需要学生坚持参与体育锻炼。因此，未来健美操教学的趋势将更加关注近期效益和长远效益的结合，以期促使学生形成终身体育锻炼的习惯，实现全面协调的发展。

第三，体育教学方法的现代化。随着社会的不断发展，体育教学方法也呈现出明显的现代化趋势，主要表现为教学设备的现代化。这一趋势对健美操教学产生了深远的影响，为提高教学效果和学生参与度提供了新的可能。

现代体育教学运用多媒体设备，通过图像、声音等多方位的信息呈现，可以拓宽学生的视野，使学生更全面地了解健美操的动作、技巧和锻炼效果。多媒体设备在健美操教学中的运用，能够使学生更直观地学习和模仿健美操的动作，提高健美操的效果。

此外，现代化的教学方法和手段，例如虚拟现实技术、在线教学平台等，也能够更生动形象地传授健美操的相关知识和技能。通过实时互动、模拟训练等方式，使教学内容更贴近学生的生活和兴趣，激发学生学习的积极性和主动性。现代化的教学方法的应用不仅提高了教学的趣味性，还提高了教学的灵活性，使学生能够积极主动地参与健美操学习。

三、健美操慕课教学的设计与实践

（一）慕课对健美操教学的作用

1.促进健美操课堂教学更加高效

慕课在健美操课堂教学中的应用，极大地提升了教学效率，有效弥补了传统教学模式的不足。健美操教学强调学生通过身体练习来提高运动技能和改善体质。

体质的改善需要大量的时间和反复的身体练习，然而，传统体育教学模式不能满足这一需求。慕课应用在健美操教学中，通过将相关概念、基础理论、运动运力、技能训练方法等内容制作成短视频并上传至平台，教师鼓励学生在课前自主学习，学生可以在课前观看这些视频，对健美操理论知识和相关动作有一定的了解，不需要在课堂上教师花费大量时间进行这些基础知识的讲解。

慕课的应用使得教师能够更加高效地利用课堂教学时间，为学生提供更多时间进行实践练习。学生在课前通过慕课学习了相关理论知识和动作，将学习中的问题带到课堂上，带着问题上课能使学生的专注力更加集中，同时因为在课前掌握了相关的基础知识，在课堂上有更多的时间进行实践练习，从而提高学习的效果。慕课的应用，将提高学生学习的主动性和积极性，学生可以根据自己的情况合理安排课前学习，这样既能提高学生的自主学习能力和思考问题的能力，又能提高学生的综合素质。

2.促进学生自主学习意识与能力提升

健美操教学的重要目标之一就是培养学生的自主学习意识和自主学习能力。健美操教学与其他学科教学不同，它需要身体活动的积极参与，并不是所有的教学单元都需要自主—合作—探究有机结合，一些健美操运动的复杂动作还需要教师的讲解、指导和示范。再加上自主—合作—探究的结合，也需要一定的条件——先前运动的经验与知识。因此，只强调教学方式，并不能全面促进学生自主学习意识和能力的培养。

通过将慕课引入健美操教学，学生可以在课前通过观看短视频对健美操运动的理论知识、健康知识、技能训练知识等进行学习，从而对健美操教学中涉及的理论知识和基本动作有大致的了解。在这个过程中，学生可以将遇到的问题提出来，并通过网络平台与教师进行互动，在教师的指导下解决问题。学生在慕课平台上，自主观看短视频，自主发现问题，并针对这些问题进行讨论和思考，在讨论和思考中找到解决问题的方法。

慕课在健美操教学中的运用，激发了学生的学习兴趣，给学生更多的学习自主权，让学生在学习中能够主动思考问题并寻找解决问题的方法，培养学生的自主学习意识，提高学生的自主学习能力。

3.促进健美操学习过程更加个性化

慕课平台包含着丰富的开放式教育资源,有利于学生随时随地进行学习,有利于优化学生获取知识的途径,优质的慕课课程资源有利于吸引更多的学生来平台注册学习。慕课有利于学生的自主学习,学生能够根据实际情况合理安排时间和进度进行学习,体现了学生在教学中的主体性。

不同的体育教师具有不同的学历层次、知识结构、教学经验,因此,即使面对同样的教学内容,不同的体育教师对其有着不同的理解,也可能选择不同的教学方法进行教学。每个教师都有自己个性化的教学方法和手段,教学的效果也不同。

慕课的应用,有利于促进学生的个性化发展,还有利于学生根据自己的实际学习情况科学地选择体育课程内容。除了教师要求学生学习和掌握的内容外,学生还可以充分利用慕课平台,根据自己对不同的健美操运动的兴趣侧重,结合自己的时间,自主选择适合自己个性化发展的学习内容,有利于全面促进学生的个性化发展。

4.促进健美操教学课程更加鲜活

慕课的引入充分利用了信息技术、云计算技术以及大数据技术等先进网络技术,为健美操教学带来了新的活力。通过慕课教学视频,教师能够在短短十分钟左右的课程中集中讲解特定动作的理论知识或技术问题。这样能使得学生更加集中精力,快速获取关键信息,提高学习效率。

不仅如此,慕课还提供了师生互动的平台,教学中可以设置一些互动活动,激发学生学习的兴趣。学生可以在慕课平台上随时向教师提出问题或疑惑,教师则能够及时给予解答。这种即时的反馈机制能够帮助学生克服困难,促进学生更深入地理解健美操的理论知识和技术要点。

更为重要的是,学生在慕课学习中具有更大的灵活性,能够随时了解和调整自己的学习进度。这种自主学习的方式使得理论知识更加生动有趣,有助于激发学生对健美操的学习兴趣和主动性。

5.促进健美操教学资源更加丰富

学校健美操教学和其他学科教学活动的区别在于:体育教师在进行和组织健美操教学活动时,必须创设出一种不同于其他学科教学活动的独特环境,使学生可以在这种为健美操教学而创设的教学环境中学习和发展体育技能。

通过将慕课引入学校健美操教学,学生可以根据自己的学习需要和实际学习情况,从慕课平台上选择适合自己的内容进行在线学习。同时,慕课平台上蕴含着大量的优质健美操教育资源和体育特色课程。学生可以在慕课平台上选择自己感兴趣或者优质的健美操教学视频进行学习,这样有利于提高学生的自主学习能力,促进学生的个性化发展。

总之,慕课在健美操教学中的运用丰富了健美操教学的内容和方法,为学校健美操教学资源的共享提供了网络载体。学校可以将健美操教学资源上传到慕课平台上,实现资源的共享。

(二)健美操慕课教学平台的构建原则

学校在构建健美操慕课教学平台时,应当遵循一系列原则,以保障教学质量、提高学生学习的积极性。这些原则涵盖了慕课教学内容的适用性、共同建设、高效互动和资源共享等方面。

首先,适用性原则是构建健美操慕课的基石。慕课教学内容的确定和教学方案的设计应综合考虑总体性与个性的统一、灵活性和系统性的统一。这一原则要求平台提供的视频时长应在十分钟左右,以最大限度地调动学生学习的兴奋点和注意力,确保取得最好的教学效果。同时,应既选择广受学生喜爱的体育项目,又尊重学生的个体需求和差异,以确保慕课内容不但有吸引力还要具有实际指导意义。

其次,共同建设原则是慕课能够得到充分使用的条件。在设计教学内容时,应以学生的兴趣和实际情况为基础。在健美操慕课的构建中,应与不同学科的教师合作,充分发挥慕课的优势;应以教学实践为基础,参考学生的建议,优化整合已有的慕课资源。这种共同建设需要跨学科的合作,因此可能需要学校间的合作来满足对资金、技术、资源的高要求。

再次,高效互动原则是慕课设计的重要方面。由于慕课是一种线上课程,受到在线交流互动的限制。因此,健美操慕课的设计应从学生的角度出发,提供最高效便捷的互动体验,使学习过程可以随时随地进行。

最后,资源共享原则突显了在线平台的优势。该原则要求平台提供方便的资源共享机制,以便高效利用资源。学校应做好平台上资源的分类管理,基于师生的兴趣和实际情况选择有特色的课程,并上传到慕课平台供共享。

(三)健美操慕课教学过程的实践要点

健美操慕课平台建设可以借鉴其他体育慕课的建设方式科学搭建,其中需注意的是健美操的动作特点。健美操有基础的手势和步伐,其中基本手势主要分为并掌、花掌、开掌、立掌等,基本步伐包括无冲击、低冲击、高冲击三类。一般来说健美操的教学过程是线上线下相结合的,分为三个阶段,分别是课前、课中和课后。

课前阶段,教师首先要做的是将教学内容制成视频。包括收集视频、图片、音像资料,也包括根据教学需要,请计算机技术人员制作的过程。制作中,要注意内容和形式是否匹配,交流途径是否有效等。视频完成后,教师要根据课程上传教学的重点难点布置预习任务,以便于学生预习。根据学生的特点、基础等实际情况划分学习小组,学生可以在学习小组中互相交流,促进共同进步。为提高预习效果,学生可以通过平台及时向教师提出问题,与同学交流心得体会。

课中阶段。在健美操课程的课堂教学中,教师应该先播放视频,再分步讲解视频中的动作,针对难度大的动作,要仔细讲解,强调示范,也可以回放视频，或慢放视频，进行有针对性的讲解。根据学生的预习情况，选择基础好，预习效果好的同学做示例，教师和同学进行点评，指出优点、不足及改进方法，这样能够帮助学生解决重点和难点，提高实践能力。

课后阶段。学生可以在慕课平台进行复习，动作要领的教学内容可以反复学习，也可以通过平台或其他渠道向教师反馈学习感受，提出建议。教师需要通过平台对学生的作业进行评价，提高教学效果，还需要总结学生的感受、建议，与其他教师交流沟通，形成对慕课教学内容、过程、评价的改进方案，并尝试优化。

在目前的健美操教学中，慕课的应用比较广泛，也取得了较好的教学效果。未来，学校可以构建更丰富的教学平台，更加科学立体地展现课程，实行动态的评价，从而提高体育教学的层次性和系统性，使学生能够在体育教育中更好地提高自身素质。

第三节 虚拟现实技术在游泳教学课程中的应用

一、虚拟现实技术在游泳教学课程中应用的优势

虚拟现实技术是一种通过模拟现实环境并与用户进行交互的先进技术，近年来在各个领域得到了广泛应用。在教育领域，特别是体育教学中，虚拟现实技术的应用逐渐受到关注。

第一，虚拟现实技术能够提供一种沉浸式的学习体验，通过模拟真实的水域环境，学生可以在虚拟现实中感受水流、浪涌等真实的游泳场景，从而更好地理解游泳动作的要领。这种实时互动的体验有助于加深学生对游泳技能的理解，提高学习的效果。

第二，虚拟现实技术还可以提供个性化的学习体验。通过识别学生的水平和需求，虚拟现实系统可以调整教学内容，为每个学生量身定制合适的训练计划。这有助于解决传统游泳教学中难以满足不同学生个体差异的问

题,提高教学的针对性和效果。

第三,虚拟现实技术在游泳教学中的应用还能够有效提升学生的自信心。在虚拟现实环境中,学生可以在相对安全的条件下反复练习游泳动作,克服害怕水域、水下环境的心理障碍。这种安全的练习环境有助于学生逐渐建立对游泳的信心,减轻他们的紧张感,从而更轻松地掌握游泳技能。

第四,虚拟现实技术还能够提供即时反馈,帮助学生更快地纠正错误。通过传感器和实时监控系统,虚拟现实可以捕捉学生的每个动作,并在实时模拟中给予反馈。这种即时的指导和纠正有助于学生及时发现并纠正错误,避免形成错误的游泳姿势和习惯,提高学习效率。

第五,虚拟现实技术还能够拓展游泳教学的教学场景。即便在没有水池的地方,学生也可以通过虚拟现实系统进行游泳训练。这为地理条件有限或资源匮乏的地区提供了一种创新的游泳教学方式,使更多的人能够享受高质量的游泳教育资源。

未来,更多的研究可以集中在虚拟现实技术与游泳生理学、运动心理学等相关学科的融合上,以提高虚拟现实技术在游泳教学中的实际效果。

二、虚拟现实技术在游泳教学课程中应用的方向

第一,模拟真实水域环境。虚拟现实技术可以创建高度真实的水域环境,包括泳池、海洋等场景,使学生在虚拟环境中感受真实水域的情境。这种模拟环境可以帮助学生更好地适应真实水域中的变化,提高其游泳技能。

第二,实时反馈和指导。利用虚拟现实技术,学生可以在虚拟环境中进行游泳动作的练习,系统可以实时捕捉学生的动作并提供即时反馈。这种反馈可以帮助学生纠正不良的动作习惯,提高技能水平。同时,教练也可以远程监控学生的表现,进行个性化指导。

第三,虚拟比赛和挑战。创建虚拟比赛和挑战可以激发学生的兴趣和竞争意识。虚拟现实技术可以模拟各种比赛场景,提供不同水域环境和复杂性的挑战,帮助学生在安全的环境中培养比赛经验和应对压力的能力。

第四，安全培训和紧急情况模拟。利用虚拟现实技术，可以模拟水域中可能发生的紧急情况，如溺水事件。学生可以在虚拟环境中学习正确的救援和自救技能，提高其在真实场景中的应对能力，减少意外的发生。

第五，个性化学习路径。虚拟现实技术可以根据每个学生的水平和需求，提供个性化的学习路径。通过智能化系统的支持，学生可以在自己的节奏下学习，强调个体差异，提高学习效果。

综上所述，虚拟现实技术在游泳教学中具有广泛的应用前景。通过模拟真实水域环境、提供实时反馈、创建虚拟比赛和挑战、进行安全培训以及提供个性化学习路径，可以有效地提升学生的游泳技能和水域安全意识。这些应用不仅可以提高教学效果，还能够创造更加安全、互动和有趣的学习体验。

参考文献：

[1]陈剑洪，陈剑萍．基于人工智能的体育沉浸式教学研究[J]．当代体育科技，2023，13(11)：77-80.

[2]陈志远．混合式教学模式在高职体育教学中的应用探究[J]．湖北开放职业学院学报，2021，34(19)：150-151.

[3]陈治霖．河南省高校体育场馆智慧化建设现状及发展对策研究[D]．桂林：广西师范大学，2023：15-31.

[4]杜为鹏，苏文浩．智慧化操场促进大学生身体素质训练研究[J]．体育世界，2023(07)：58-60.

[5]付进学，张晓明，夏娇阳．轮滑运动教程[M]．北京：北京体育大学出版社，2008.

[6]高新民，罗岩超．"图灵测试"与人工智能元问题探微[J]．江汉论坛，2021(01)：56.

[7]葛金琰，闫振龙，李云镔．基于虚拟现实技术的高校体育教学应用研究[J]．文体用品与科技，2022(17)：124-125.

[8]巩孝鹏，李屹峰．虚拟现实技术在高校体育教学中的发展路径研究[J]．文体用品与科技，2021(14)：211-212.

[9]郭晓东．论高校体育教学环境的设计与优化[J]．吉林省教育学院学报(上旬)，2012，28(08)：91.

[10]何斐．翻转课堂教学模式在大学排球选项课中应用研究[J]．创新创业理论研究与实践，2019，2(16)：144-146.

[11]胡淑娟，汪献旺．"体医融合"背景下瑜伽课程教学模式的改革研究[J]．运动精品，2023，42(03)：4-6.

[12]李朝福，马红梅．新媒体技术条件下普通高校田径课余训练优化研究[J]．科技资讯，2018，16(08)：191+193.

[13]李丽.我国普通高校体育教学环境研究[J].当代体育科技,2021,11(28):90.

[14]利锐欢,谢玉祺.基于大数据的安全生产人工智能应用分析[J].科技资讯,2022,20(14):76.

[15]刘宝.运动视频图像处理技术在高校田径教学中的应用[J].数字通信世界,2021(04):178-179+258.

[16]陆勇,王宪.物联网技术在高校体育教学身体机能反馈中的应用[J].体育科技文献通报,2013,21(09):132-133.

[17]朱梦雨,黄海燕.5G技术在体育场馆智慧化建设中的应用研究[J].体育科研,2020,41(05):2.

[18]孙港权.动画型微课在高职院校女子羽毛球教学中的实验研究[D].广州:广州体育学院,2023:12-31.

[19]孙国保.智慧体育教学:功能价值、风险反思及未来方向[J].体育文化导刊,2023(08):96-103.

[20]孙毅.慕课模式下健美操教学过程设计的研究[D].哈尔滨:哈尔滨师范大学,2019:25-37.

[21]唐风云.论计算机虚拟现实技术在高校体育教学中的应用研究[J].科技资讯,2020,18(14):14+16.

[22]田中玉.体育教学中混合式教学法的应用[J].湖北开放职业学院学报,2023,36(22):177-179.

[23]王迪.线上线下混合式教学模式在普通高校篮球教学中的应用研究[J].科技风,2020(34):35-36.

[24]王建.智慧体育教学实施框架与开展思路[J].体育文化导刊,2023(05):103-110.

[25]王晓东.南京市校园足球“互联网+”教学模式实施的现实困境与创新路径研究[D].南京:南京体育学院,2023:17-23.

[26]王政委.运动视频图像处理技术在高校田径教学中的应用研究[D].济南:山东师范大学,2023:14-27.

[27]魏佐涛.田径运动的训练方法与改革方向研究[J].当代体育科技,2020,10(25):40.

[28]肖辉."BOPPPS+翻转课堂"教学模式在大学体育排球选项课中的应用研究[D].昆明:云南师范大学,2023:11-23.

[29]肖威,肖博文.体育类微课设计流程与制作方法[J].体育学刊,2017,24(02):102.

[30]徐立成.虚拟现实技术与高校体育结合的SWOT分析[J].文体用品与科技,2021(04):140-142.

[31]徐娜娜.国内高校瑜伽课程现存问题及改进研究[J].甘肃科技,2022,38(06):74.

[32]许琳.智慧场馆视阈下成都市公共体育场馆管理创新研究[D].成都:成都体育学院,2021:1-2.

[33]杨继宏,朱德龙.计算机虚拟现实技术在高校体育训练中的应用[J].白城师范学院学报,2022,36(02):57-62.

[34]尹淑桂.高校瑜伽课程教学改革研究[J].牡丹江大学学报,2020,29(11):106.

[35]应嵘.混合式教学法在学校体育教学中的应用研究[J].青少年体育,2020(04):123-124.

[36]岳建光.物联网软件在高校体育教学中的应用研究[J].当代体育科技,2022,12(20):189-191.

[37]张惠军.体育教育专业本科田径普修课程内容调查研究[J].运动,2018(12):59.

[38]张巍.刍议计算机"虚拟现实"技术在高校体育训练中的应用[J].文体用品与科技,2016(02):133+135.

[39]张鑫，王明辉.中国人工智能发展态势及其促进策略[J].改革，2019(09):31.

[40]张中滢.线上线下混合式教学模式在高中篮球教学中的应用研究[D].大连:辽宁师范大学，2023:31-42.

[41]赵宗俊，何欢营，文永霞.计算机“虚拟现实”技术在高校体育训练中的应用[J].文体用品与科技，2021(20):192-194.

[42]郑星，尹维增.大数据时代高校体育智慧课堂的教学模式构建[J].长春大学学报，2023，33(10):91-94.

[43]郑宇，高瞻乐，金毓，等.国际智慧体育的研究现状与趋势[J].成都体育学院学报，2021，47(05):65.